名师名校名校长

凝聚名师共识
回应名师关怀
打造名师品牌
培育名师群体

素养导向下的小学数学课堂教学实例

杨薪意 主编

陕西师范大学 出版总社 西安

图书代号　JY24N1710

图书在版编目（CIP）数据

素养导向下的小学数学课堂教学实例 / 杨薪意主编.

西安 ： 陕西师范大学出版总社有限公司，2024. 8.

ISBN 978-7-5695-4630-9

Ⅰ．G623.502

中国国家版本馆CIP数据核字第20242ML788号

素养导向下的小学数学课堂教学实例
SUYANG DAOXIANG XIA DE XIAOXUE SHUXUE KETANG JIAOXUE SHILI

杨薪意　主编

出 版 人	刘东风
出版统筹	杨　沁
特约编辑	李东震
责任编辑	李　娟　刘锋利
责任校对	秦　云
封面设计	言之凿
出版发行	陕西师范大学出版总社有限公司
	（西安市长安南路199号　　邮编 710062）
网　　址	http://www.snupg.com
印　　刷	北京政采印刷服务有限公司
开　　本	787 mm×1092 mm　　1/16
印　　张	15.5
字　　数	251千
版　　次	2025年 3 月第 1 版
印　　次	2025年 3 月第 1 次印刷
书　　号	ISBN 978-7-5695-4630-9
定　　价	58.00元

编 委 会

主　编：杨薪意

编　委：（按拼音顺序排列）

蔡成林	陈　荟	邓文娟	杜雨蔓	龚丹丹	苟蜀清
郝晓丽	何　毅	胡　耀	胡跃庆	胡　娱	黄莉萍
黄　敏	黄秋宇	揭　琳	赖　明	李　果	李　娟
李曦娟	李朝霞	梁　婷	廖笙均	林　佳	刘　静
刘　敏	刘天琼	刘校丽	彭建华	王　娟	王　梦
王孟昕	王　珊	韦文涛	向利菊	胥　艳	严　芹
严姝娥	杨春梅	杨汝诚	袁春华	曾　辉	张光宇
张照坤	赵　静	郑欣林	周　丹	周　艳	周　瑶

为了美好的教育，
我们一直在路上。

蔡金法老师做客工作室

工作室走进阿坝州

工作室走进达州市

工作室走进彭州市

工作室走进温江

工作室走进自贡市

领衔人杨薪意

省工作室成员周艳

省工作室成员邓文娟

省工作室成员胡娱

省工作室成员袁春华

省工作室成员林佳

省工作室成员张照坤

省工作室成员郝晓丽

市工作室成员蔡成林

市工作室成员严姝娥

市工作室成员胡耀

市工作室成员彭建华

市工作室成员周丹

市工作室成员何毅

常青树工作室成员苟蜀清

常青树工作室成员刘敏

常青树工作室成员赵静

常青树工作室成员周瑶

序　言

习近平总书记指出，"一个人遇到好老师是人生的幸运，一个学校拥有好老师是学校的光荣，一个民族源源不断涌现出一批又一批好老师则是民族的希望。"很庆幸，在有限的教育生涯里，我能从一名一线教师成长为四川省名师鼎兴工作室领衔人、成都市名师工作室领衔人、成都市首届常青树计划学术导师工作室领衔人，与一群怀揣教育梦想的同仁一起为发展中国教育事业扎根一线，躬耕教坛。

工作室自2018年成立以来，基于国家发展、社会发展对未来人才的需求，以课标为指南，结合数学学科的特点，以"提升学生核心素养，促进学生数学理解，打造富有生命活力的成就学堂"为宗旨，致力于小学数学常态课的教学研究，努力创建与时代发展节奏相匹配，与儿童发展规律相吻合的课堂新样态。

"躬耕教坛，强国有我。"我们倡导：常态好，才是真的好！

常态课是师生"坚定理想信念、厚植爱国主义情怀、加强品德修养、增长知识见识"的沃土，是培养学生奋斗精神、增强综合素养的成长基地。把常态课上好，是国家"强师计划"在课堂的落地，是整体提升师资水平，造福千千万万个普通家庭，让每个学生都能获得优质学校教育的民生工程。

一、"理解困难"是数学学习的最大障碍

数学学科是基础教育中的一门重要的学科，学生的数学理解水平往往影响其数学知识的掌握水平，关联其数学能力的发展水平。审视当下的课堂，尽管在近二十年的课改中，小学数学课堂已经发生了巨大的变化，但大量的课堂研

究也表明，我们的常态课教学依然是"三步一点式"的，即备课的时候备知识点，上课的时候教知识点，考试的时候考知识点。

大多数教师依然采用的是"多背多读，多练多算"的教学方式，将教学停留在学生对知识的记忆上，重在让学生知道或记住"是什么"，而缺少让学生思考"为什么"。相应地，对于平时的常态课教师更关心的是这一节课要教哪些内容，该教的是否都教了，该背的是否都背了，概念是否都记住了，计算是否都熟练了，正确率是否达标了，等等。

这样的教学，把大部分时间都留给了机械性训练，让常态课形成重"记忆强化"缺深度思考，重"众口一词"缺深度探究，重"碎片交流"缺深度交流，重"全神观做"缺深度参与的"四重"现象。这导致学生对数学的学习仍然停留在对知识的记忆和对解题技能的训练上，教、学、评之间出现严重断链。

学生学不好数学的原因，是他们对数学的理解不到位。因为对数学的理解不到位，"理解困难"成为学生学习数学的最大障碍，也成为数学教学最应当突破的问题。

二、以"四重四建""三研三探""五真"重塑常态课

令人欣慰的是，随着课改不断深入，越来越多的小学数学教师清楚地认识到，数学教育应该发挥数学学科的内在力量，着眼于学生的关键能力和必备品格的培养，以提高学生的核心素养、发展学生的数学思维、培育学生的理性精神为核心，在让学生掌握基本知识和基本技能的过程中注重培育学生批判性思维和创造性思维。这是数学教育特有的育人功效，也是数学教育发展的大势所趋。

这本《素养导向下的小学数学课堂教学实例》是工作室基于"着力数学理解的小学数学常态课的教学研究"以及"五育融合视域下小学数学学科育人路径的研究"，用六年的实践凝结出来的教学成果。旨在通过常态课的改变，让更多的教师能从"四重"的教学方式方法中转型出来，落实核心素养，关注对学生数学理解的培育，关注数学学科育人的内在力量。通过提升学生的数学理解，提高学生的学习效率，提升学生的学科综合素养，实现从学科本位、知识

本位向学生素养本位的育人方式的转型。

六年的课堂实践中，工作室以"一课一深思""一课一深研""一课一提升"的三阶式步骤，充分发挥系统效应和聚合联动优势，逐步影响和改变教师的常态课教学行为，于潜移默化中整体提升教师的专业综合能力，先后创生了"四重四建"的教学设计理念、"三研三探"的活动设计策略及"五真"的课堂学习方式，让学生在真实的情境中，通过动脑"研"和动手"探"，在"做、用、创"中学会学习。

（一）"四重四建"的教学设计理念

"四重四建"分别基于儿童心理结构中的表层、浅层、深层和外层，通过"重视感知与识别，建立表象"，以图像、实物、情境、直观操作的方式，帮助学生建立表象，培养学生的数学眼光；通过"重视理解与创造，建构意蕴"，以语言、数字、符号等内容，建构意蕴，培养学生的抽象能力；通过"重视推理与联想，建明内涵"，培养学生的数学思考力；通过"重视拓展与应用，建类表达"，培养学生举一反三、融会贯通的应用意识。"四重四建"就是鼓励教师以高站位来设计教学活动，以低起点来落实核心素养。

（二）"三研三探"的活动设计环节和策略

（1）独立研习，探寻新知。这是探究的环节，也是问题提出的环节。教师需要把握知识之间的内在联系，挖掘适宜的学习材料，创设真实的情境，设置真实的问题，引发学生的自主思考，在独立研习中，构建个人的思维图式。

（2）同伴研讨，探究解惑。这是群策的环节，也是共性问题、疑难问题讨论的环节。教师需要有效组织、机智调控，促进师与生、生与生之间的思维碰撞，实现智慧共享，解决部分在独立探究中尚未解决的个性迷思和共性问题，构建团体化的思维图式。

（3）团队研述，探索提炼。这是建立共识的环节，也是问题反思的环节。教师需要指导学生在理解的基础上，学会归纳和总结；在应用数学解决实际问题的过程中，深化理解，完成新旧知识同化、顺化的衔接。从而更新或创建新的图式，使认识、理解达到更高水平。

（三）"五真"的课堂学习方式

"五真"的课堂学习方式，即通过"真情境"实现情境学习，让主题引入具有连续性和驱动性；通过"真问题"实现问题学习，让核心问题具有本质性和关联性；通过"真开放"实现探究学习，让系列活动具有趣味性和可操性；通过"真融合"体现"五育"融合，让学科教学具有"多学科"视角；通过"真评价"体现育人导向，让多元评价具有"成人之美"的功能。

课堂教学的五个"真"，变"单学科"的教学视角为"多学科"的教学视角；变"陈述式"的教学方式为"场景式"教学方式；变"学科本位"的教学思维为"问题解决"教学思维，实现了教学方式和育人方式的三个转变，体现了常态课的育人价值。

为了帮助教师将"四重四建""三研三探""五真"常规化、常态化，掌握不同理解层级之间的关系，工作室针对学生的语言、图形、文字/算式、方法、结果、动作六个主要的外显表征，给出了十八个课堂评估参考指标（见附页），便于教师在课堂教学中快速收集学生的学习表征，对学生就某个知识或某个问题的理解水平做一个初步的"定级"评估，并以此调整和改进自己的教学方法和节奏，进而帮助学生形成具有个性思维特点的解决问题的能力。

三、新常态课践行学科育人、实践育人

工作室通过参加全国新世纪小学数学教学设计与课堂展示大赛来验证实践的成效，通过面向全社会推送原创微课作品，辐射并带动更多的教师参与常态课的变革实践。

因此，"四重四建""三研三探""五真"是在课堂实践中生根发芽的成果，它顺应孩子"好奇、好探究、好秩序、好分享"的成长天性，顺应人脑的基本特点，顺应数学学科从"直观到抽象"的认知规律，通过多元化的活动设计满足不同学生的认知需求，为学生提供了更多的自主探究的机会，凸显学生学习的主体地位和作用，突出"研"和"探"在课堂教学过程中，学生从数学的角度理解数学知识和概念的效果。让问题真实暴露，让探究真实可鉴，让学习真实发生，让核心素养在课堂教学中落地生根。

课堂实践证明，通过营造师生常态课"一起探究"的学习大环境，变过去的重"记忆强化"为现在的重"数学理解"，变过去的重"众口一词"为现在的重"审辩论述"，变过去的重"碎片交流"为现在的重"整体建

构"，变过去的重"全神观做"为现在的重"具身投入"，重塑了课堂新"四重"。

新"四重"的呈现，带来了课堂的新气象，形成了"教师主导、问题主引、学生主创、思维主场"的"四主"新样态，很好地体现了数学学科是一门重在数学思维训练和数学思想方法培养的学科，反映了数学学习效果与数学理解程度之间的辩证关系。

数学基本知识与基本技能是数学理解的载体，数学理解是数学基本思想与基本活动经验的综合能力表征，是学生对知识从认识到理解、从理解到应用、从应用到创新的思维不断跃进的一种思考工具，是把学习引向深度之后的一种外显特征，是我们对素养导向下"以生为本"理念的一种新的认识和诠释。

素养导向下，如何探索出一条适合我国国情的发展学生核心素养的路径是当下摆在我们广大一线教师面前的一个共性问题。改变常态课，变革每节课的教学活动设计，让每位教师都能备出好课，上出好课的实践研究，符合素养导向下学科育人、实践育人的理念，顺应时代发展对教育教学改革的需求。

为了更美好的教育，愿我们携手共筑教育合力，把教育梦织进每一堂课中。

是为序。

杨薪意

附页：数学理解水平（十八个课堂评估参考指标）

知识类型	外显表现		参考水平等级		知识类型	外显表现		参考水平等级	
陈述性知识	语言	条理性	A	条理非常清楚	程序性知识	方法	独创性	A	独立原创
			B	条理比较清楚				B	小组合作原创
			C	条理混乱				C	模仿他人
		流畅性	A	语言简洁，表达流利			多样性	A	有两种以上的方法
			B	语言冗长，表达不连贯				B	有一种或两种方法
			C	词不达意				C	没有方法
		感染力	A	充满自信，有强大感染力			表现力	A	方法展示的表现力强
			B	自信心不足，有一定表现力				B	方法展示的表现力一般
			C	没有感染力				C	方法展示不合理
	图形	结构性	A	图示信息完整，层次性强		结果	有效性	A	操作对理解作用凸显
			B	图示信息较完整，层次性不够				B	操作对理解有一定启发
			C	图示无结构				C	操作不能帮助理解
		联系性	A	图示完整呈现出知识间的联系			实用性	A	操作简单易行
			B	图示局部表示出知识间的联系				B	操作比较烦琐
			C	图示无联系				C	操作无序、无效
		创造力	A	图示体现原创能力			证明力	A	操作演示科学
			B	图示体现迁移能力				B	操作演示有一点道理
			C	图示只是模仿				C	操作演示没有说明什么
	文字/算式	逻辑性	A	文字表述前后逻辑性强		动作	规范性	A	操作规范，书写整洁
			B	文字表述有一定逻辑性				B	操作较规范，书写较整洁
			C	文字表述没有逻辑性				C	操作随意，书写潦草
		严谨性	A	遣词造句精准，易于理解			连贯性	A	操作有序，动作熟练
			B	遣词造句合理，有助于理解				B	操作有序，动作迟缓
			C	文不顺，式不明				C	操作无章法
		表达力	A	文字算式简明，思路清晰			应变力	A	操作灵活，可控性强
			B	文字算式清楚，思路清楚				B	操作较灵活，可控性好
			C	文字算式混乱，思路不明				C	操作拘束，不灵活

目 录

第一章 数 感

在有序推理中培养学生的"数感" ·························· 2

  一课一深思 ·························· 2

  一课一深研 ·························· 9

  一课一提升 ·························· 12

    心中有诗,路向远方 / 严姝娥 ·························· 12

    精细打磨,推陈出新 / 胡 耀 ·························· 13

    学然后能行,思然后有得 / 刘 静 ·························· 14

第二章 量 感

在"换与不换"中培养学生的量感 ·························· 20

  一课一深思 ·························· 20

  一课一深研 ·························· 26

  一课一提升 ·························· 28

    好的情境助推有效教学 / 彭建华 ·························· 28

    最美的风景在路上 / 胡跃庆 ·························· 29

    读懂学生,和学生共创"好课" / 李朝霞 ·························· 31

第三章 符号意识

在"四重四建"中培养学生的"符号意识" ·························· 36

  一课一深思 ·························· 36

一课一深研 …………………………………………………………… 42

一课一提升 …………………………………………………………… 45

　　研习是新课标与新课堂的桥梁 / 梁　婷 ………………………… 45

　　走进符号意识，重新"确定位置" / 陈　荟 …………………… 46

　　在"磨"中成长 / 周　丹 ……………………………………… 47

　　让活动落地，开出素养的花 / 蔡成林 ………………………… 49

第四章　运算能力

在多元表征中培养学生的"运算能力" ……………………………… 52

一课一深思 …………………………………………………………… 52

一课一深研 …………………………………………………………… 63

一课一提升 …………………………………………………………… 66

　　估算教学，这一路"磨"过来 / 龚丹丹 ……………………… 66

　　估算教学的思与行 / 林　佳 …………………………………… 68

　　积跬步方能至千里 / 廖笙均 …………………………………… 70

　　"估"出价值，"磨"出精彩 / 张光宇 ………………………… 71

第五章　几何直观

在"五条策略"中培养学生的"几何直观" ……………………… 76

一课一深思 …………………………………………………………… 76

一课一深研 …………………………………………………………… 82

一课一提升 …………………………………………………………… 85

　　他山之石，可以攻玉 / 周　艳 ………………………………… 85

　　琢之精，获之乐 / 胥　艳 ……………………………………… 86

　　互学共研，拔节而上 / 王孟昕 ………………………………… 87

在"五条策略"中培养学生的"几何直观" ……………………… 90

一课一深思 …………………………………………………………… 90

一课一深研 …………………………………………………………… 95

一课一提升 …………………………………………………………… 98

　　　　"圆"来如此 / 揭　琳 ……………………………………… 98

　　　　在经历中成就最美的自己 / 黄莉萍 …………………… 99

　　　　从"文"到"理" / 何　毅 ……………………………… 101

　　　　从生活中来到生活中去 / 杨春梅 ……………………… 102

第六章　空间观念

　　在多维视角中培养学生的"空间观念" …………………… 106

　　　　一课一深思 …………………………………………… 106

　　　　一课一深研 …………………………………………… 114

　　　　一课一提升 …………………………………………… 116

　　　　　　从儿童的视角出发，同研共进 / 袁春华 ………… 116

　　　　　　让课堂在打磨中精进 / 黄　敏 ………………… 118

　　　　　　感知中猜测，操作中实践，理解中构建 / 严　芹 ……… 119

第七章　推理意识

　　在归纳类比中培养学生的推理意识 …………………… 122

　　　　一课一深思 …………………………………………… 122

　　　　一课一深研 …………………………………………… 130

　　　　一课一提升 …………………………………………… 132

　　　　　　"授人以渔"，让学生经历知识形成的全过程 / 郝晓丽 … 132

　　　　　　精确定位目标，找准素养落脚点 / 刘校丽 ………… 133

　　　　　　精心设问，促进学生高阶思维的发展 / 王　珊 …… 135

　　　　　　让学生成为数学课堂的主角 / 赖　明 …………… 136

第八章　数据意识

　　在真实情境中理解统计的现实意义 …………………… 140

　　　　一课一深思 …………………………………………… 140

　　　　一课一深研 …………………………………………… 147

　　　　一课一提升 …………………………………………… 148

"刀"越磨越锋利，课越磨越精 / 胡　娱 ·················· 148

深度解读才有深度学习 / 李曦娟 ·················· 150

磨课磨的是课，磨出来的是专业 / 李　果 ·················· 151

第九章　模型意识

量感支撑下的模型意识培养 ·················· 154

一课一深思 ·················· 154

一课一深研 ·················· 160

一课一提升 ·················· 163

学无止境，行以致远 / 王　娟 ·················· 163

一课一深思，一辩一提升 / 刘天琼 ·················· 164

磨中成长，辩中提升 / 李　娟 ·················· 165

心之所向，行之所往 / 向利菊 ·················· 167

第十章　应用意识

素养导向下的综合与实践 ·················· 170

一课一深思 ·················· 170

一课一深研 ·················· 176

一课一提升 ·················· 179

共研共学，结伴成长 / 赵　静 ·················· 179

跨出学科，跨出成长 / 刘　敏 ·················· 180

学习和反思，才能生出飞翔的翅膀 / 周　瑶 ·················· 181

思路由磨砺而清晰，教学因经历而相长 / 苟蜀清 ········· 183

素养导向下的综合与实践 ·················· 185

一课一深思 ·················· 185

一课一深研 ·················· 191

一课一提升 ·················· 194

素养导向下的综合实践思考 / 邓文娟 ·················· 194

数学好玩应该怎么玩 / 郑欣林 ·················· 195

探索跨主题学习，践行新课标 / 杨汝诚 ······················ 196

一次磨课，一次思考，一次成长 / 韦文涛 ··················· 198

第十一章　创新意识

推理基础上的创新意识培养 ···································· 202

　一课一深思 ·· 202

　一课一深研 ·· 209

　一课一提升 ·· 212

　　磨课是一场智慧"众筹" / 张照坤 ······················ 212

　　数学处处需推理，处处待优化 / 杜雨蔓 ················ 214

　　于风中扬帆，于思中跃进 / 黄秋宇 ···················· 215

　　与课共成长 / 王　梦 ····································· 217

后　记 ·· 219

第一章

数　感

　　数感主要是指对于数与数量、数量关系及运算结果的直观感悟。能够在真实情境中理解数的意义，能用数表示物体的个数或事物的顺序；能在简单的真实情境中进行合理估算，作出合理判断；能初步体会并表达事物蕴含的简单数量规律。数感是形成抽象能力的经验基础。建立数感有助于理解数的意义和数量关系，初步感受数学表达的简洁与精确，增强好奇心，培养学习数学的兴趣。

——《义务教育数学课程标准（2022年版）》

在有序推理中培养学生的"数感"

——以《再探3的倍数的特征》为例

杨薪意　学术指导

胡　耀　成都市五块石小学校

严姝娥　成都市青羊区教育科学研究院

刘　静　彭州市实验小学

一课一深思

一、课前思考

（一）对核心词的理解

数感：以"整除"概念为关键主线探索3的倍数特征，引导学生对数的认识从计数单位的角度延伸到对数的特征的探索与理解；在对运算结果的直观感悟和规律探索中，培养和发展学生的数感。

（二）对这节课教材的解读

"3的倍数特征"是《倍数与因数》单元的内容，是对因数和倍数的进一步学习，是求最大公因数、最小公倍数的重要基础，也是学习约分和通分的必要前提。本课内容与"2、5的倍数特征"之间的关系紧密又特殊，都属于自然数倍数的特征，但2、5的倍数特征只与个位相关，是局部关系，3的倍数特征与每个数位的数字都相关，是整体关联，这一跨度使得无论是对特征的发现还是对特征的本质探究都存在较大难度。

实证研究发现，学生学习本内容主要有两个困难：一是把现象当作本质，把规律当作特征，以获得结果为学习终点；二是针对结果和方法缺乏引申和推广的思考空间，即缺乏对3的倍数特征本真意义的理解与关注。这直接导致数学学以致用的教育功能大打折扣。

分析原因。一些教师对于"特征课"的研究往往缺乏联系的眼光和整体的视角，容易受限于显性的基础知识、基本技能的达成，将数学课程内容狭隘地等同于数学结果，而忽略了对隐性的基本思想、基本活动经验的关注。这就导致一些教师在教学中不太重视特征背后的原理性知识，从而忽略了这些原理性知识中渗透的数学的方法及思想。如果我们将"特征课"定位于只探究特征、不追溯原理，那么学生的理解就容易徘徊于"是什么"的中低认知水平层次，不利于引申和推广。因此本课的核心任务为在遵循科学性的前提下引导学生探索"3的倍数特征"的原理性知识，完成探究"为什么"的学习任务。

（三）对这节课教学的整体构思

1. 重视感知与识别，建立表象

通过观看微课视频片段和创设集体参与的小游戏，用"特征"识别3的倍数，验收前置微课学习效果，使学生建立3的倍数特征的初步视觉表象——如果各个数位上数字之和是3的倍数，那么这个数就是3的倍数，从而解决"是什么"。

2. 重视理解与创造，建构意蕴

创设认知冲突，打破视觉表象。借助小方块等直观模型，初步探索和理解两位数中3的倍数特征与各个数位上数字整体关联的数学原理，透过视觉表象看本质，挖掘出表象背后更深层的数学道理，初步理解"为什么"。

3. 重视推理与联想，建明内涵

进一步通过变换三位数或多位数不同数位上的数字，将初步挖掘出的数学道理进行拓展延伸，建立3的倍数特征背后隐藏的数学本质属性。尤其用辩证思维以"为什么不是"和"为什么是"撬动高认知水平的数学思考，引导学生从现象的迁移走向思想方法的建构，使学生进一步理解3的倍数特征与十进位值制的关系。

4. 重视拓展与应用，建类表达

创设空间，打通知识之间的内在联系，在经验和思想方法的迁移中促进知识的应用和推广，使之结构化，达到数学知识与方法、思想与核心素养的融会贯通并学以致用。

二、课堂实践

（一）第一环节：触发

创设情境，发现问题：神秘的3的倍数特征。

基于线上线下融合的"三研三探"课堂结构探究，本环节分为两个部分：第一个部分是在课前，通过微信公众号向学生推送了微课《3的倍数特征》；第二个部分是在课上，先通过截取微课的一段视频进行设问"你能找出下面十个数中，哪些不是3的倍数吗？"再通过创设小游戏，摸底学情，检测学生是否已掌握3的倍数特征。

教师播放视频片段1（0分26秒~0分32秒）。

师：你们是怎么判定3的倍数的呢？

生：一个数各个数位上的数字之和是3的倍数，这个数就是3的倍数。

师：哈哈，看来大家都学会方法了，那我们可以玩游戏了。

师：同学们，请以同桌为单位任意编写两个数，然后同桌互相判断对方的数能否被3整除。

要求：

（1）任意编写两个数，20秒内完成。

（2）判定对方出的数是不是3的倍数，同桌交换完成。

（3）互相完成批改工作。

教师选择两组学生上台展示。（一组判定成功+一组判定失败）

师：（指着没有成功的这组）为什么这组同学判断不了？

生：因为他出的数太大了……

师：这说明对于3的倍数特征我们还没探究到底！否则2秒内肯定可以判断出来，大家相信吗？那我们今天就再探究3的倍数特征。我先考考大家：2、5的倍数特征看什么位？（生答：个位）关于3的倍数特征，我们还需要研究什么？

【设计意图】通过了解学生自主设计问题并互相测试、批改的情况，掌握并发现学生存在的困惑点，如"较大的数怎么快速判定是不是3的倍数""用3的倍数特征判定一个数能否被3整除的方法真的好用吗？"以此为基础开展对3的倍数特征背后数学规律的探究。

（二）第二环节：探究

小组探讨，发现本质：3的倍数特征背后的数学规律。

通过小组探讨、合作交流，共同探究发现3的倍数特征背后的数学规律，使学生经历探究过程，积累探究一个数的倍数特征背后数学规律的数学经验和数学方法。

1. 独立研习，探寻新知

方块模型21——从两位数开始初步感悟3的倍数特征背后的数学规律。

教师从百数表中选出一个数——21，请学生在学力单里的方块图中圈一圈、填一填，并想一想"为什么21的十位数字和个位数字相加的和是3的倍数，这个数21就是3的倍数？"展开探究。（图1-1）

师：这么多"圈一圈"，你觉得最重要的是哪一个？

生："2+1"那个圈一圈最重要。

师：为什么它最重要？

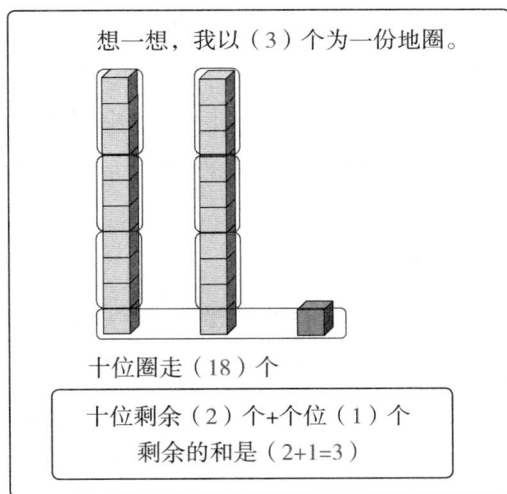

想一想，我以（3）个为一份地圈。

十位圈走（18）个

十位剩余（2）个+个位（1）个
剩余的和是（2+1=3）

图1-1

生：因为前面的"圈一圈"，都是3个一圈，一定可以被3整除，最后剩下的才起着决定作用。

师：2表示的是什么意思？

生：十位剩下的2个小方块。

师：1呢？

生：个位剩下的1个小方块。

师："2+1"表示的是什么？

生：表示十位和个位按照3个一圈后，一共剩下的小方块个数。

师：结合我们的研究问题"为什么21的十位数字和个位数字相加的和是3的倍数，这个数21就是3的倍数？"你有什么大胆猜想？

生1：3的倍数特征取决于十位和个位"剩余的数"。

生2：表面上我们算十位数字和个位数字的和，实际上算的是十位和个位上"剩余的数"的和。

师追问：真的吗？那51呢？3个一圈后，这次十位上和个位上剩余的数字是几？试试吧。

【设计意图】小学高段学生正经历由具体形象思维向抽象逻辑思维过渡的阶段，在认识抽象的数学规律时，仍需要以具体形象的实物或图片作为载体，借助直观形象完成向抽象思维的过渡。基于这一认识，我们自创了磁力卡片，通过让学生动手圈一圈、填一填，找一找21为什么是3的倍数。正因为21这个数的特殊性，通过圈一圈、填一填、想一想，学生可以初步提出猜想：3的倍数取决于各个数位上"剩余的数字"；但是也正由于21这个数的局限性，容易导致不完全归纳，使学生产生不严谨的数学研究经验，因此再举例像51这类数进行再次探究。

2. 同伴研讨，探究解惑

通过对两位数的探索，学生已有初步感受，所以教师需要设计更大的数、更多的探究和集体讨论让学生认识3的倍数特征背后的数学。我们设计了三个层次，以递进的方式进行探究。第一层次：探究121为什么不是3的倍数。第二层次：121的数位上数字的变化与3的倍数关系。第三层次：引出计数器——判定3的倍数取决于各个数位上被3除的余数。以下是第二层次的教学片段：

师：老师在百位上添一个数字，这个数（121）能变成3的倍数吗？为什么？

（1）再次以三位数121为例验证，请你在学力单中圈一圈，和刚才发现的规律一样吗？

（2）想一想：怎么圈可以快速找到分走几个？剩余几个？

讨论交流后。

师：通过圈一圈，这次我们发现该数的个位上最少要增加几个才可以变成3的倍数？

生：至少增加2个。

师：如果在百位或十位上添数字，你还可以怎么添加使它也能变成3的倍数，为什么？

生1：百位上再添2个，也可以是3的倍数，因为百位上就没有余数了。

生2：百位上再添5个，也可以是3的倍数，因为百位上也没有余数。

生3：十位上再添2个也可以。

师：同学们，如果百位上是3、6、9这样的数，还需要看百位的余数吗？为什么？

生：不需要看了，因为百位上的数是3、6、9，那么一定能圈完，没有余数。

师：那到底什么时候可以不看某个数位上的数？

生1：当这一位上3个一圈没有剩余时。

生2：当某一位上的数字就是3的倍数时。

师：大家真善于总结，那么请快速判断33669999663300999这个数是不是3的倍数。

生：是。

【设计意图】从两位数拓展到三位数、多位数，再充分利用计数器建模，验证了3的倍数特征取决于各个数位上被3除的余数。让学生充分经历了3的倍数背后数学规律的探究过程，积累了丰富的数学经验和数学方法。

3. 团队研讨，探索提炼

通过探究3的倍数特征背后数学规律的过程，使学生借助计数器总结和提炼3的倍数特征背后的数学规律，即看各个数位上被3除的余数。那么这个经验是否也可以应用于总结2、5的倍数特征？学生对此继续展开探索，形成结构化的研究体系。

师：谁能借助刚才的学习经验和计数器模型，说一说2、5的倍数特征为什么只看个位？

生1：同学们，请看计数器。无论十位上是几，按照2个一圈或5个一圈，都能完全圈完，没有余数。

生2：我举个例子。比如十位上是3，表示30个小方块，2个一圈，15次圈完；5个一圈，6次圈完，都没有余数。所以不需要看十位了。

生3：同样的道理，百位上、千位上、万位上等都是这个道理，都能圈完，没有余数；只有个位上的数不同，2个或5个一圈后，可能有剩余。如果个位上有余数，那它就不能被2和5整除；个位上没有剩余，那它就能被2或5整除。

【设计意图】根据刚才积累的探究3的倍数特征背后数学规律的数学经验和数学方法进行拓展和应用，进一步回顾2、5的倍数特征，展望4、8的倍数特征，使知识结构化，走向深度教学。目的是帮助学生建立普遍性的数学探究模型，使学生形成知识与方法的结构化设计思路。

（三）第三环节：提升

拓展情境，倍数建模：不同数位上的余数规律。

从本课来看，"再探"中提出的问题是新的，但研究方法本质互通，并在原有基础上进行了提升，如拓展至对4的倍数、8的倍数的探究，是有深度的"探"。

（1）快速判定下列各数是不是3的倍数：

123456789，987654321，333666999，8888，9999，888

（2）在方框内填上合适的数，使它符合要求。

① 满足2的倍数特征：123456789□，987654321□，3336669996□，8888□，9999□

② 满足5的倍数特征：123456789□，987654321□，3336669996□，8888□，9999□

③ 满足3的倍数特征：123456789□，987654321□，3336669996□，8888□，9999□

（3）借助今天积累的学习经验，猜想：4或8的倍数特征是什么？

【设计意图】首先，通过对大数的判定避免学生再从各个数位上相加的和来判定3的倍数特征；其次，提升作业中出现了多次连续数，这也给学生提出了连续数是否也存在相同的余数规律的问题；最后，学生能用今天的计数器模型成功探究4或8的倍数特征，这有利于培养学生学习数学的自信，也有利于培养学生的逻辑推理意识。

一课一深研

"3的倍数的特征"是初等数论的基础。数论知识本身具有抽象性，这对教师的教和学生的学具有一定的挑战性。在通常教学中，大多数教师把着力点放在"引导学生"掌握3的倍数特征，会用特征判断一个数是不是3的倍数上。在多次课堂观摩中，我们发现通过这样的教学，学生的数学理解仅仅停留在对数学规律的浅层理解，没有达到对数学知识本质的深度理解。

基于理解的数学教学应具有这样的五个特点。一是对基本数学概念的理解；二是对数学概念背后蕴含的数学思想的把握；三是对数学特有的思维方式的感悟；四是对数学美的鉴赏；五是对数学精神的追求。基于此，胡耀等三位老师采用线上线下融合教学方式，重新设计了这节课，以"再探的方式"学习3倍数的特征。

问题一：如何把握学情？

为解决这一问题，团队采用的是前置微课、把握学情的方法。3的倍数的特征的学习是在2，5的倍数的特征的基础上进行的，它们虽都是研究自然数倍数的特征，但二者被发现的难易程度差异很大。2，5的倍数特征落脚点在个位，而3的倍数特征与各个数位的数字都相关。前者是局部关系，后者是整体关联，需要打破原来2，5倍数特征只看个位的思维定式和负迁移，因而后者特征的发现难度非常大。

试讲中，我们发现课前通过观看微课，95%以上的学生能够掌握3的倍数特征并能应用这一特征判断一个数是不是3的倍数。上课伊始，教师截取微课的一段视频：96，57，33，98，12，67，60，72，54，35十个数中，有3个不是3的倍数，谁能最先找出来？课堂观察反馈，学生能根据3的倍数特征进行快速判定。但是表面的热闹并不能代表每个学生的真实理解水平，于是设计了有趣的编题游戏：在横线上任意编两个数，同桌判定是不是3的倍数，并说明理由。通过说理深化再次巩固学生对概念的理解。通过反馈，只有少数学生在规定时间内并未判定出结果，原因在于数太大（如235464364689）。于是在巩固概念的同时引发新的认知冲突：数太大的时候，真的只能将各个数位上的数字一个一个地相加吗？有没有快速判定的办法呢？很自然地引出本节课的下一个核心问题。

凡是教师难教、学生难学的地方，一定是学生原有的思维方式不够用了。胡老师在这个点的处理上，没有强求学生看出或是猜测出3的倍数特征是什么，而是通过微课的形式进行告知，通过编题游戏环节让学生准确掌握其概念特征后进一步引导学生思考：为什么3的倍数特征与各个数位上数字和有关系？这也是这节课研究的重点。

问题二：如何探究3的倍数特征？

荷兰数学家弗赖登塔尔曾这样描述数学的表达形式："没有一种数学思想如当初刚被发现时那样发表出来，一旦问题解决了，思考的程序便颠倒过来，把火热的思考变成冰冷的美丽。"教学如果以这些"冰冷"的形式开始，学生就不可能经历"火热"的数学思考过程。胡老师通过两个活动，以若干追问引导学生大胆猜想并操作验证。

1. 圈画表征，初步建模

（溯源活动一）首先从百数表中选出一个数21，借助21个小方块，让学生动手圈一圈、填一填，想一想、说一说：你打算多少个为一份地圈？为什么21的十位数字和个位数字相加的和是3的倍数，21就是3的倍数？学生通过独立研习，同伴探讨、分享得出：从十位开始圈，圈6份还剩2个，再看个位只有1个，不能圈，而两个数位上共剩下2+1=3个，正好可以圈一次。所以21是3的倍数。提出猜想：一个数是不是3的倍数可能与十位和个位上被3个一圈后剩余的数有关。

2. 数形结合，理解算理

（溯源活动二）层层推进，在百位上添1使21变成三位数：121，继续画图对猜想进行验证。学生发现：各个数位上剩余的个数即便与这个数本身各个数位上数字对应，但不一定是3的倍数。（溯源活动三）继续对125进行探究，让学生明白：之前的发现与猜想都不适用。引发学生的再次深度思考和辨析，通过操作，认识3的倍数的特征本质：起着决定性作用的是各个数位上"剩余的数"。通过探讨剩余的小方块最少增加几个或减少几个可以将原来的数变成3的倍数，进一步验证了猜想。（溯源活动四）借助计数器再次帮助学生深度理解：一个数能否被3整除取决于其十位和个位上的数除以3之后的余数。四个活动层层递进，引发了学生层层思考，打通了知识的内在联系，使知识得以结构化。

3. 探究推理，助力思维能力提升

思考并未停止，（推理一）继续追问：300是3的倍数吗？600呢？90呢？通过对整百数整十数余数的思考，我们看到学生能自主地将探究3的倍数特征的方法迁移过来，将各个数位上的数字转化以"3"为计数单位，来研究"剩余的数"的规律特征。学生用自己的方法来快速判断一个多位数是不是3的倍数，从中获得了深入探究思考的成就感。（推理二）今天学习的知识有什么用呢？2的倍数特征为什么只看个位，不看十位？（推理三）大胆猜，4的倍数特征看哪位？（推理四）8的倍数特征看哪位？四个推理活动改变了常规课堂探究时间不够的问题，使学生的思维能力获得有效提升。学生不仅能够根据探究中发现的数字规律解释2、5的倍数的特征为什么只看个位，也能按此探究方法论证其他数的倍数特征。比如课堂上，学生对4的倍数特征的猜想已经不再是课前胡乱猜测，而是指向其本质特征的猜想。

这样的学习活动在思辨中展开，教师悄然让位，学生自然就成了学习的主体。教师不断追问，层层深入，思维碰撞使学生始终沉浸在一种浓厚的探究氛围之中，学生被数学知识本身的魅力所深深吸引。这样的数学学习活动才是真正的、生动活泼的、富有个性的认知过程。学生通过表象的积累，思维产生了飞跃，脑海中形成了清晰的数学模型，并积累了丰富的数学经验和数学思想方法。

只有边学边问，刨根问底，追根溯源，总结方法，才能体验数学之美。

一课一提升

心中有诗，路向远方

——《再探3的倍数的特征》研习思考

严姝娥　成都市青羊区教育科学研究院

有人说："生活不止眼前的苟且，还有诗和远方。"这句话对我触动很大。我以为这句话主要想突出的是"不止"，它没有否定任何人的"苟且"，但同时强调了不能忘记的"诗和远方"。远方有多远，不得而知，但是"诗"其实就近在眼前。

朱永新说："教育是一首诗，诗的名字叫未来，在传承文明的长河里，有一条破浪的船。"我以为，教育这首诗永远未完待续，由千万师生共同谱写。"诗"是教育最初的意义和价值所在，而这条"破浪的船"驶向的"远方"正是教育的"桃花源"。

以胡耀老师这节《再探3的倍数的特征》为例，如果离开了对"远方"的考量，学生实现了眼前的"苟且"后便容易失去方向和追求。假如我们只探究特征，不追溯原理，那么学生只需要记住和套用"特征"这一显性的知识和技能即可，但这样就剥夺了让学生去触及数学规律的内在结构的机会。

在实际教学中我们看到，鲜有教师会把教学的着眼点真正放在隐性的数学规律及其思想方法上，要么有意或无意地"忽略"，要么浅尝辄止地"尊重"一下学生的疑问。其实，从学生整个生命成长的历程来看，其对数学知识本质的深度理解肯定比对数学规律的浅层掌握更重要，因为深度理解能帮助学生在头脑中形成结构化网络，并帮助学生看见事物之间的联系，这就是数学学习的最终目标：会用数学的眼光观察现实世界，会用数学的思维思考现实世界，会用数学的语言描述现实世界。

因此，我们把这节课的核心任务拟定为在遵循科学性的前提下引导学生探索3的倍数特征的原理性知识，完成探究"为什么"的学习任务。就学习的效果而言，学生很快能从计数单位的角度灵活迁移，敏捷洞察到4和8的倍数的特征本质，实现了学习结果与方法的引申和推广，学习价值超越了表面的形式模仿，实现了数学理解的理性追求，发挥了数学的教育功能。

心中有诗，路向远方。数学的诗，是数学教育对人的全面影响，是我们给予学生的课堂的模样。它的韵脚是每天在课堂中我们与学生共同创设的一个个鲜活故事；它的远方是每个人需要成长的地方。

小学教育在学生的成长过程中起到了重要的奠基作用。我们一直致力于让更多人能够及早"看见"数学教育的巨大能量，这是我们的"诗和远方"。走在这条路上，就不能懈怠，这是我们的初心使命。

我们将追求数学教育教学的诗和远方，永远充满勇气和热情。

精细打磨，推陈出新

——《再探3的倍数的特征》研习思考

胡 耀 成都市五块石小学校

作为工作室连续两届的成员，六年来，我常常参与课程的设计与讨论、研讨会的碰撞与辩论、工作的创建和实施，感触颇多，收获颇多。

（一）细化语言，学生听得轻松

还记得公招考入学校后，每年新教师都要被听很多的课，老教师们评课时，有一句话深深印在我脑海里："胡老师，你的话太多了。"是啊！领导和老教师们都指出了这一点。我努力去改变，减少课堂上的讲解、增加学生的反馈，可发现学生课堂上的学习效果仍未见好。就这样，苦恼了好几年，我也把握不了其中的度：教师应该什么时候话多，什么时候话少？后来加入工作室，领衔人杨薪意老师解答了困扰我几年的疑惑：和学生对话不叫话多，自言自语、自问自答、自己讲授等行为和语言多了才叫话多。一语惊醒梦中人，从此我的数学课堂上多了一个喜欢与学生对话的教师，少了一个总是自问自答的教师。

（二）不断磨砺，专业成长

每一学期工作室都会派代表参加北京师范大学组织的赛课和辩课，上半年我参加了《面积单位》的答辩。那个时候，我默默向工作室领衔人和工作室的其他成员学习，学怎么答辩，怎么把核心素养落实到课堂中去，怎么把语言简练地表达出来。默默付出，静待花开。下半年，当杨老师通知我代表工作室参加新一届的赛课和辩课时，我觉得我也可以独当一面了，然而现实给了我当头一棒。第一次试讲刚一结束，杨老师就让我重新设计教案，然后带领我学习混合式教学的概念和内涵。一篇又一篇的笔记，让我逐渐明白了该怎么把握课堂内容的核心，怎么开展混合式教学。

每次试讲，杨老师都会在百忙之中抽出时间陪着我把课例设计好。去彭州市送教之前，杨老师说："你可以去彭州上课了。"在彭州的课堂展示上，我获得了彭州市同仁的一致高度评价，实实在在地给学生带去了思考、带去了收获、带去了核心素养。在正式比赛前，我和几个小伙伴（彭建华、胡跃庆、李果）在不影响学校日常工作的情况下，常常利用业余时间进行网络教研，杨老师更是在我们休息后还在帮我们修改稿子，甚至在正式比赛当天，杨老师还会一句一句地帮我们修改、引导我们思考，让我们拥有胸有成竹的自信。才有后来在面对对方辩友的追问时的沉着应对，巧妙衔接，应对自如，才有专家们的一致好评，最终荣获全国一等奖。

正是在工作室的不断磨砺和杨老师人格魅力的深深影响下，我走上了成才之路，不断前行。

学然后能行，思然后有得

——《再探3的倍数的特征》研习思考

刘　静　彭州市实验小学

2022秋，我有幸加入杨薪意市级名师工作室。工作室人才济济，初来乍到的我感觉自己就像个"菜鸟"。随后，我又有幸加入工作室"素养导向下的小学数学教育"科研组，并进入胡耀老师执教的《再探3的倍数特征》编写组，这是我进工作室的第一个任务，一定要尽全力做好。

（一）破"畏难情绪"，立"投入实干"

人往往喜欢做容易的事，而厌恶、逃避做困难的事。网上搜索"小学数学教师如何克服畏难情绪"，出现的答案大多指向如何帮助学生克服畏难情绪。殊不知，在帮助学生克服畏难情绪之前，教师需要自我克服。《再探3的倍数的特征》一课能否深入的关键在于教师是否有深入教学的意识。如何克服"畏难情绪"？胡耀老师以实践者和研究者的双重身份为我解开了迷思。

首先立足实际，从学生现有经验出发，通过四个活动层层递进，引发学生层层思考。溯源活动一：借助21个小方块，让学生动手圈一圈、填一填，想一想、说一说：你打算多少个为一份地圈？为什么21的十位数字和个位数字相加的和是3的倍数，21就是3的倍数？通过独立研习、同伴探讨，共识：从十位开始圈，圈6份还剩2个，与个位的1个组合，即2+1=3个，正好可以圈一次。所以21是3的倍数。提出猜想：3的倍数特征可能与十位和个位上"剩余的数"有关。溯源活动二：层层推进，在百位上添1变成三位数：121，继续画图对猜想进行验证。学生发现：各个数位上剩余的个数即便与这个数本身各个数位上数字对应，但不一定是3的倍数。溯源活动三：继续对125的探究，让学生明白：之前的发现与猜想都不适用。再次引发深度思考和辨析，通过操作说理，共识3的倍数的特征本质：起着决定性作用的是各个数位上"剩余的数"。又通过探讨剩余的小方块最少增加几个或减少几个可以变成3的倍数，进一步验证了猜想。溯源活动四：借助计数器再次帮助学生深度理解"一个数能否被3整除取决于十位和个位上的数除以3之后的余数。"

巧妙的四个溯源活动，打通了知识的内在联系，有助于学生认识规律、理解规律特征。

其次，通过四次探究推理，助力思维能力提升。推理一：追问：300是3的倍数吗？600呢？90呢？对整百数整十数的思考。推理二：2、5的倍数特征为什么只看个位，不看十位？推理三：4的倍数特征看哪位？推理四："8的倍数特征看哪位？"四次推理，让我感觉胡老师自身不仅仅是一位研究者，而且是培养一群研究者的研究者。

纵观课堂教学，老师通过不断追问，层层深入，使学生始终沉浸在一种浓厚地探究氛围之中，他们被数学知识本身的魅力深深吸引。这样的数学学习活动才是生动活泼的，富有个性的，难能可贵的认知过程，也是我追寻的境界。

（二）借助数形结合，变抽象为直观

心理学研究表明：小学生的思维以具体形象思维为主，并逐步向抽象思维过渡。为了使学生准确地理解数学概念，教师需要充分利用直观教学，借助数形结合，引导学生去观察比较，化抽象为具体。为什么各个数位上的数字和是3的倍数，这个数就是3的倍数？为解决这一难点，胡老师借助21个小方块，让学生动手圈一圈、填一填，并想一想、说一说：你打算怎么圈？提出猜想：一个数能否被3整除可能与其十位和个位上被3除后剩余的数有关。然后，在教师的带领下对121、125进行画图探究，以及引入计数器，巧妙地达到教学目的。

（三）精心设计问题串，引领学生有效探究，提高课堂效率

问题串是指在教学中围绕具体知识目标，针对一个特定的教学情境或主题，按照一定的逻辑结构而设计的一连串问题。教师巧设问题串，帮助学生架设思维阶梯，有助于突破教学难点。

问题1："面对'圈2+1'的情况"，这么多圈一圈，你觉得最重要的是哪一个？为什么它最重要？"2"表示的是什么？"1"呢？"2+1"呢？

问题2：针对我们研究的问题"为什么21的十位数字和个位数字相加的和是3的倍数，21这个数就是3的倍数？"，你有什么大胆猜想？

问题3：那51呢？3个一圈后，这次十位上"剩余的数字"是几？为什么这次"剩余的数字"不是十位上的数字5了？这不是和我们的猜想不一样了吗？（引导少圈一次，即可达成余数和数位上的数字一样，符合学生的猜想）

问题4：也就是判断是不是3的倍数，取决于什么？取决于谁的余数？

问题5：老师在百位上添一个1，这个数（121）还是3的倍数吗？为什么？想一想：这次怎么圈可以快速找到分走几个？剩余几个？

问题6：最少在个位上增加几个可以把原来的数变成3的倍数？如果在百位或十位上添数字，你还可以怎么添加，使这个数也能变成3的倍数，为什么？

问题7：如果百位是3，还需要看百位的余数吗？为什么？这样的情况还有吗？

问题8：为什么2、5的倍数特征只看个位，不看十位？大胆猜：4的倍数特征看哪位？8的倍数特征看哪位？

问题串层层递进，能够引发学生层层思考，既打通了知识的内在联系，使知识结构化，又以巧妙的问题驱动，让深度学习自然生成！

参考文献

［1］中华人民共和国教育部.义务教育数学课程标准（2022年版）［S］.北京：北京师范大学出版社，2022.

［2］孙晓天，张丹.义务教育课程标准（2022年版）课例式解读小学数学［M］.北京：教育科学出版社，2022.

［3］杨豫晖，李铁安.《义务教育数学课程标准（2022年版）》案例式解读小学分册［M］.上海：华东师范大学出版社，2022.

［4］马云鹏，吴正宪.《义务教育数学课程标准（2022年版）》案例式解读小学［M］.上海：华东师范大学出版社，2022.

第二章

量　感

　　量感主要是指对事物的可测量属性及大小关系的直观感知。知道度量的意义，能够理解统一度量单位的必要性；会针对真实情境选择合适的度量单位进行度量，会在同一度量方法下进行不同单位的换算；初步感知度量工具和方法引起的误差，能合理得到或估计度量的结果。建立量感有助于养成用定量的方法认识和解决问题的习惯，是形成抽象能力和应用意识的经验基础。

——《义务教育数学课程标准（2022年版）》

在"换与不换"中培养学生的量感

——以《面积单位的换算》为例

杨薪意　学术指导

彭建华　四川天府新区三星小学

胡跃庆　四川天府新区三星小学

李朝霞　成都市马鞍小学

一课一深思

一、课前思考

（一）对核心词的理解

量感主要指对事物可测量属性及大小关系的直观感知，是本课最关键的核心素养目标。在本课中主要指会在统一度量方法下进行不同单位的换算，明确平方米、平方分米与平方厘米之间的关系。

（二）对这节课教材的解读

整体编排，结构一致。"面积单位换算"这一内容属于"图形与几何"板块中的"图形的认识与测量"部分。在小学阶段的整体教材编排，是由长度单位到面积单位，最后到体积单位，经历了从一维到二维再到三维的过程。教材编排与学生量感的发展基本一致，本单元的学习一是从实际情境感知面，了解面积的概念；二是度量面的大小，经历统一面积单位的过程，感受统一面积单位的必要性；三是顺应学习需求认识面积单位的大小；四是学习用合适的面积单位度量长方形、正方形的面积，推导出长方形面积的公式；五是探索面积单位的换算。（图2-1）

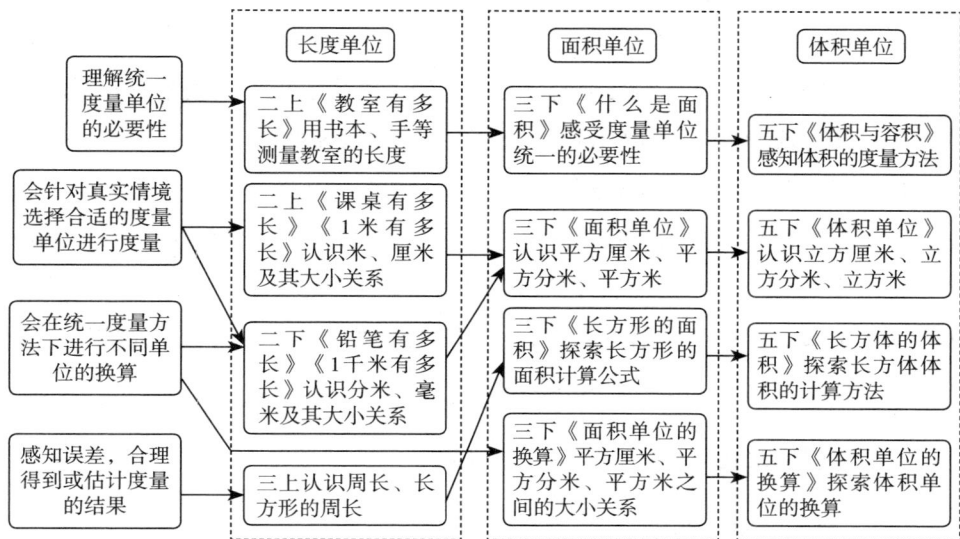

图2-1

两个问题，类比迁移。在本课，教材编排了两个问题。第一个问题是探究平方分米和平方厘米的关系。教材呈现了1平方分米的正方形，正方形每隔1厘米画一个点，其意图是引导学生通过画图、计算等方式建立起1平方分米=100平方厘米的模型。第二个问题是引导学生借助上一个问题的探究经验进行1平方米等于多少平方分米的换算，旨在实现知识的迁移。

（三）对这节课教学的整体构思

1. 重视感知与识别，建立表象

在本次的课堂教学设计中，我们旨在围绕"量感"，在情境的引领下让学生充分感知面积单位的大小关系，体会如何"换"，如何"算"。学生只有在"换"的过程中，才能对量感有一定的直观感性认识，才能为进阶的抽象的"算"奠定认知基础。

2. 重视理解与创造，建构意蕴

为学生提供1平方厘米、1平方分米的纸片以及学习单等工具，让学生理解

"换"本质是两种度量单位之间的转换，并引导学生探索创造用摆、画、算等方法说明"换"中的规律，让学生在丰富的体验与探究中发展量感。

3. 重视推理与联想，建明内涵

学生在操作与探究中逐渐建立起1平方分米与1平方厘米的换算模型。教师可以用"1000片1平方厘米换1片1平方米，换还是不换"的情境问题，触发学生在寻求"1000片不合算"的结论的过程中，通过类比、推理，运用1平方分米与1平方厘米的换算模型推导出100平方分米与1平方米等量。

4. 重视拓展与应用，建类表达

学生在得出1平方米=100平方分米之后，通过想象，获得1平方米与10000平方厘米等量的量感，完成从"换"到"算"再到"换算"的进阶思考。学生在应用数学知识解决问题的过程中，经历了探索面积单位进率的全过程，完整地建构了常见面积单位之间的换算模型。

二、课堂实践

（一）第一环节：触发

本环节的任务是：通过"换与不换"的故事情境中数量的变化，帮助学生体会量感带来的认知冲突，激发学生探究的兴趣。

在课堂教学中，教师利用多媒体播放"换与不换"的故事：在很久以前，有一个财主，他特别喜欢炫耀自己的财富。有一天他突发奇想，把自己的金元宝制作成1平方分米大的金片，然后在客厅的一面墙上贴了一个大大的"牛"字。这个消息很快就传了出去，很多人都前来观看。有一天，来了一个商人，商人说："我的手里有一些1平方厘米的金片，它的厚度和质量和您的金片一样，我用10片和您换一片，您换吗？"财主果断地说："不换。""那50片呢？""50，算了，还是不换了吧！""唉，那就80片换您一片吧！""80片，我考虑一下吧！嗯……"财主拿不定主意，不知道自己该换还是不该换。

【设计意图】在学习面积单位的换算之前，学生已经对面积单位有了一定的量感，建立了对面积单位大小的直观感受，但并未建立对面积单位之间大小关系的感知。在本节课初始，教师设计了"换与不换"的故事情境，激发学生探究兴趣，让学生产生探究兴趣，实现从生活问题中进入数学知识的探究，体会单位换算的必要性，产生探究的主动性。

（二）第二环节：探究

1. 独立研习，探寻新知

本环节的任务是：通过"换与不换"的情境问题，对学生展开追问，引导学生主动思考1平方分米到底能换多少个1平方厘米，也让学生体会到换算要有一个公平公正的统一标准，凸显了换算的必要性。

在课堂教学中，教师提出问题："如果你是财主，商人用10片1平方厘米的金片和你换1片1平方分米的金片，你换吗？"从多次试讲中发现，只有寥寥几个学生认为可以换。他们认为1分米=10厘米，所以10片1平方厘米的金片刚好可以换1片1平方分米的金片。在这里教师不做评价，而是继续追问："50片呢？80片呢？"随着数量的增加，认为可以换的学生也在增加，他们认为"80片，那么多了，换了就赚了"。在此基础上，教师进一步设问："换与不换，不能仅凭猜想，需要进行实际验证，那么究竟至少需要多少片1平方厘米的金片才能换1片1平方分米的金片呢？"

【设计意图】在这个环节中，教师通过增加1平方厘米金片的数量，引导学生想象随着金片数量在增多，其总面积在变大，促使学生思考：多少平方厘米等于1平方分米？初步把1平方分米和1平方厘米进行联系，使学生形成初步的表象感知：1平方分米需要100个1平方厘米才能换。这样对这两个量的换算感知就在学生的头脑中真实发生了。

2. 同伴研讨，探究解惑

本环节的任务是：让学生在操作过程中，获得眼见为实的量感体验，直观见证"80片1平方厘米的金片换1片1平方分米的金片，财主亏大了"的事实，从而建立"100平方厘米与1平方分米"等量的换算模型。

从课堂教学中发现：学生对素材的利用主要运用了摆和画两种操作方式，通过这两种方式，学生能够发现：一行有10个，有10行，一共需要100个1平方厘米的正方形才能刚好铺满一个1平方分米的正方形，也就是说1平方分米=100平方厘米。在之后的汇报过程中，又有学生提出：因为正方形的边长是1分米，那么它的面积就是1平方分米，又因为1分米=10厘米，所以该正方形的面积又是

10厘米×10厘米=100平方厘米，进而得出1平方分米=100平方厘米。

在得到换算标准之后，引导学生回头看故事中财主和商人的对话，明确如果用80片1平方厘米的金片换1片1平方分米的金片，财主亏了20片。

【设计意图】教学中"量感"常常被忽略，因为要培养学生真实有意义的"量感"，需要教师付出更多的时间让学生体验数学活动、共同探索。在本环节中，教师给学生提供素材，化抽象为具体，让学生用不同的方法动手操作，体验1平方分米和1平方厘米的换算标准，在操作的过程中，建立换算模型，为后续的类比、推理奠定基础。

3. 团队研述，探索提炼

本环节的任务是：用"1000片1平方厘米换1片1平方米是否合算"的情境问题，触发学生在寻求"不合算"的结论的过程中，获得具体的量感体验，再通过类比、推理，完整地建构1平方米、1平方分米、1平方厘米之间的换算模型。

在课堂教学中发现：如果仅仅只是解决1平方米等于多少平方分米，基于操作经验，学生很快就能说出答案，但这无法达到深化学生量感的目的。因此在本环节中，要充分给予学生想象、类比、推理的空间和时间。于是我们加大学生思考的空间：用1000片1平方厘米的金片换1片1平方米的金片，再通过小组合作探究，给予学生探究的时间，让学生在"辩"中深化量感。用1000片1平方厘米换1平方米的问题，给予学生极大的冲击，当对学生进行采访时，能够明显感觉到，有的学生认为1000片很多了，可以换，有的学生认为不可以换。在接下来的探究中，学生通过类比推理发现，1平方分米=100平方厘米，1平方米=100平方分米，那么1平方米=10000平方厘米，也有学生利用正方形面积公式进行推导，1米=100厘米，那么1平方米=10000平方厘米。这就完整地构建出了面积单位换算的标准。在接下来的环节中，向学生展示1平方米的纸板，并让学生用图画出1平方米、1平方分米、1平方厘米之间的关系。

【设计意图】"量感"必须建立在操作体验的基础上，通过思维的参与形成表象、总结提升经验才能内化新知、深化量感。在本环节，为了丰富学生的量感体验，教师加大了学生思维的纵深空间，通过"用1000片1平方厘米的金片换1片1平方米的金片"的问题，使学生通过类比、推理，认识100平方分米与1平方米等量，10000片1平方厘米换1片1平方米才是公平的。完整构建常用面积单位的换算模型。

（三）第三环节：提升

本环节的任务是：利用换算标准，解决生活中的实际问题，深化学生的应用意识。

在课堂教学中，以故事为依托。财主如果把1平方分米的金片替换成1平方厘米的金片，会是什么样的效果呢？通过观察教师展示替换后的效果，学生可以明显看到金片数量越多，小金片越密集。引出在生活中的地砖和墙砖图片，学生在观看这些图片后，利用图片进行换算练习。

提问1：图中是一块面积为6平方分米的墙砖，如果将其替换成面积为1平方厘米的墙砖，至少需要多少块？

提问2：图中是广场的一部分，用面积为1平方分米的地砖铺设而成，共有800块，如果将广场的地砖全部替换成1平方米的地砖，至少需要多少块？

提问3：这是我们学校教室的地面，长8米，宽6米，请你为该教室铺上地砖，有1平方米、1平方分米、1平方厘米的地砖供你选择，你会选用多大的地砖，需要多少块呢？

从课堂教学中发现：第一个问题和第二个问题，学生可以快速利用换算标准进行计算。第三个问题，大部分学生选择了用1平方米的地砖，需要48块，也有部分学生选择了1平方分米和1平方厘米的地砖，分别需要4800块和480000块。从课堂汇报中发现，有的学生是先计算面积，再利用标准进行换算，也有的学生是先转化单位，再直接计算。同时，课堂中也出现了争论，大部分学生认为要选择1平方米的地砖，因为可以短时间完成工作。教师顺着学生的思考，再次展示3幅图，分别为大约1平方米地砖铺的客厅地面，1平方分米墙砖铺的墙面，和1平方厘米瓷砖铺的创意作品。告诉学生，可以根据需求的不同，选用不同大小的地砖。

【设计意图】创设情境，充分体现现实问题的需要，加深学生理解学习面积单位换算的必要性，赋予数学在生活中的实际意义，让"理"更明，让"感"更深。

一课一深研

问题一：发展学生量感，如何让学生体会"换算"的必要性？

在本课中，教材首先呈现的问题是探究平方分米和平方厘米的关系。教科书呈现了1平方分米的正方形，正方形每隔1厘米画一个点，其意图是引导学生通过画图体会平方厘米和平方分米之间的关系：每行有10个1平方厘米的正方形，有10行，因此一共有100个1平方厘米的小正方形，1平方分米=100平方厘米。经研讨，本课培养学生量感的起点应是如何将教材这一意图放置于一个有趣的情境中，调动学生积极性，引发学生思考。

学生在小学的学习生活中已经积累了一定的交换经验，经研讨我们决定创设"财主和商人换金片"的故事情境，让学生跟随故事情节，逐步产生"换"的欲望，体会换算的必要性。用10片1平方厘米的金片换1片1平方分米的金片，换吗？50片换不换？80片呢？随着数量的叠加，有部分学生已经动摇，觉得可以交换。有部分学生会思考80片是很多了，但这是等量交换吗？划得来吗？从而主动产生公平地"换"、合理地"换"的欲望。随后，我们通过使用模拟材料，让学生用1平方厘米的"小金片"在1平方分米"金片"背景里面摆。10片，50片，80片……通过小组合作，学生动手积累了感知体验，并通过比较发现，尽管80片已经不少了，但摆出来的总面积是80平方厘米，还是小于1平方分米的。80这个数虽然很大，但80平方厘米这个量其实还是很小，数和量并不能脱离，要进行统一思考。那么怎么换才合理呢？此时，学生利用手中的教具，进行了自主思考：在1平方分米里，每行有10个1平方厘米的正方形，有10行，一共有100个1平方厘米的小正方形，所以1平方分米=100平方厘米。思考完毕后，学生可以在摆一摆、画一画、量一量等操作中建立量感，并建立"1平方分米=100平方厘米"的换算模型。通过这样的设计，学生由故事产生思考，从具象的"换"到抽象的"算"，逐步建立起量感。学生也能体会到换算并不是随意的，它并不是一种人为规定，也不需要死记硬背，换算的本质是等量交换。

问题二：如何突破1平方厘米、1平方米、1平方米之间的换算？

本课中，第二个问题是探究1平方米和1平方分米之间的关系。教科书意在引导学生在探究1平方分米和1平方厘米的基础上，借助图形，推理、想象从而得出1平方米=100平方分米，这一过程其实是对相邻面积单位换算方法进行的二次巩固。

是否有必要进行平方米和平方厘米这两个单位的换算呢？为此，我们研讨认为，要进行面积单位换算的深度学习，大胆尝试研究相隔面积单位间的换算也未尝不可。如何巧妙地引发学生思考呢？这要求我们不能脱离情境，而应模拟现实生活中出现的问题。为此，我们继续设计了1000片1平方厘米金片换1片1平方米金片这个极具"诱惑力"的交换条件，再次引发学生的质疑和论辩。选择"1000"而不是其他数量这也是我们基于学情的真实错误点特意设计的。大部分学生感受到"1000"是一个很大的数，主动放弃"摆拼"法。要探究平方米和平方厘米之间的关系，就必须理解桥梁单位"平方分米"。学生必须通过想象、类比以及推理完成对"1平方分米与1平方米的进率也是100"的认识和理解。

学生在得出1平方米=100平方分米的基础上，主动完成二次探索。在1平方分米里，每行有100个1平方厘米的正方形，有100行，一共有10000个1平方厘米的小正方形，所以1平方米=10000平方厘米。部分学生能够通过想象、类比、推理，最终获得1平方米与10000平方厘米等量的量感，完成从"换"到"算"再到"换算"的进阶思考。当然，这个想象推理较之前难度更大。同时，为了满足不同学生的量感体验，我们也准备了10000片1平方厘米的小方块的效果图，课堂上会根据学生的认知需求选择使用。

至此，学生通过想象、类比，发展了推理意识，提升了思维水平，并丰富了对常见面积单位的量感体验。

问题三：如何培养学生的应用意识？

我们将顺了学生的数学认知，帮助学生建立了换算模型后，又对相关知识进行了生活实践的再应用。如何模拟现实对学生进行应用意识的培养呢？我们选择生活中常见的"贴瓷砖"的问题层层展开。我们鼓励学生利用所学知识对相关问题进行多种方式的探索、验证，学生可以根据所选瓷砖进行美观、价格等方面的全面比较。学生也可以对广场、卧室的地砖进行进一步的深入研究，收集资料，全班共同研讨。只有让理论联系实际，把所学知识用于生活，学生才能在生活中培养数学应用意识。

一课一提升

好的情境助推有效教学

——"换与不换"研习思考

彭建华　四川天府新区三星小学

加入工作室以来，我一直想亲自上一节赛课，2021年这个愿望终于实现。杨老师让我执教，与胡跃庆、李朝霞两位老师组成答辩团队参加新世纪小学数学全国大赛。经过讨论，团队选择了具有挑战性的一课《面积单位的换算》作为课例。为什么说这节课具有挑战性呢？因为我们在实际教学中发现，换算教学一般作为约定俗成的知识告知学生，学生也主要以记忆的方式对该课涉及的知识进行粗浅认识。所以，在进行单位换算时，学生经常出现错误，其主要原因在于学生缺失对面积单位换算必要性的认知以及对换算量感的体验。

为了带领学生体验换算的必要性，团队先后进行了两次试讲，但效果都不尽如人意。团队成员通过讨论，抛弃了原有想法，对学生进行了再次分析，对《面积单位的换算》一课进行了重新定位：以"换算"为切入点设计活动，重点让学生体会如何"换"，如何"算"。学生只有在"换"的过程中，才能对"量"产生一定的直观感性认识，才能为进阶的抽象的"算"奠定认知基础。也只有在"换"的过程中，学生才能体会"换"的必要性、合理性和公平性。

在团队成员的研讨修改下，形成了新的教学设计。团队成员以一周2次的节奏，辗转三星小学、行知小学、华阳小学进行试讲，成功地做到了引领学生经历探索面积单位进率的过程和知晓面积单位换算的必要性。然而在实际教学中，虽然学生通过动手操作，体验了1平方分米和1平方厘米的换算过程，找到了换算标准1平方分米=100平方厘米，并通过类比推理也很快能够找到1平方米=100平方分米，但却无法对三个面积单位进行整体联系。也就是说，学生的类比推理空间和量感发展空间还可以进一步提升。

团队成员再一次对课例进行研讨，把目光汇聚到"换算"上，创设了"换与不换"的故事情境，用故事贯穿课堂始终。首先播放故事视频，从10片1平方厘米的金片换1片1平方分米的金片，到50片，80片，通过量的变化，唤起学生对单位量的初步感知和探究欲望，带领学生体验换算的公平性和必要性，猜想1平方分米和1平方厘米的换算标准。接着通过实际操作体验换算的过程，验证换算的标准，积累换算经验。基于操作经验，再充分给予学生想象、类比、推理的空间和时间，用1000片1平方厘米的金片换1片1平方米的金片，加大思维的纵深，完整地构建三个面积单位换算的关系。同时，引导学生关注单位换算在生活中的运用，如贴地砖和墙砖等。工作室结合"三研三探"的教学策略，帮助学生在"换与不换"的故事情境中体会量感，学会学习，实现学习方式的转变。

最美的风景在路上

——"换与不换"研习思考

胡跃庆 四川天府新区三星小学

研究《面积单位的换算》这一课的过程是曲折的，更是美好的。三个多月的时间，从选课到磨课，从网络答辩到现场执教，一次次网络研讨直至深夜，一次次跨越近百公里磨课改课，在这个过程中，我们收获了"最好的风景"，那是对教材的深层次挖掘，是对"量感"的进一步解剖，是对新课堂的又一次尝试，是对自我的更高阶挑战，也是对团队力量的进一步凝聚。

彭老师的办公室就在我的对面，接到任务后我们常常聚在一起研究教材。"面积单位换算"一直是学生的困难点，学生总是将面积单位与长度单位混淆，教材中呈现了1平方分米等于多少平方厘米，以及1平方米等于多少平方分米两个核心问题。我们怎样教学才能更好地帮助学生理解、掌握它们之间的关系呢？

经过数次研讨，第一稿的设计出来了，我们都认为可以通过画、算、摆多种活动，让学生建立平方分米与平方米的换算模型，再以此推导平方米与平方分米的换算进率，最后进一步沟通平方厘米、平方分米、平方米三者之间的关系。该版课例在学校的教研活动上试讲了两次，看起来是一个完整流畅的设计，教学目标也达成较好，但我们总感觉课堂深度不够，显得非常平淡，学生的学习热情并没有被完全调动，学生的思维也并不活跃。

果然，这一稿被领衔人杨老师否定了。杨老师强调如何在本节课中发展学生的"量感"才是关键，其中很重要的一点是只有让学生产生"换"的欲望，他们才能感受到换算的必要性。随后，根据杨老师的指导，我们进一步加深了对"量感"的理解。

接下来的一个多月，彭老师通过不断思考，让我们有了"更换瓷砖"的情境，让学生在具体情境中产生"换"的需求，去解决"换"的问题，经历"换"的过程，从而发展"量感"。由此我们生成了新的设计，二稿、三稿、四稿接踵而来，但磨课的过程不尽如人意，总是有些突发事件，最让我们头疼的是已经探索出了平方分米与平方厘米的进率是100之后，部分学生仍然不能以此推导到平方米与平方分米的进率。

临近比赛，学校安排彭老师外出培训，因为他要准备这节课，所以只能由我代替他去。在此期间彭老师一个人继续他的改课和磨课，我不清楚他熬了多少夜，改了多少稿，磨了多少节课，我只知道回来的时候彭老师欣喜地说："杨老师说这稿的设计很好，比杨老师的预想好。"这一刻，我感受到了彭老师的兴奋。他说，这个点子是凌晨4点突然从他的脑袋中蹦出来的，当时他立即起身记录，并在后来完善了这个设计，形成了最终稿。最后我们采用"换与不换"这个非常有趣的故事情境贯穿整个课堂，就像讲故事一样，让学生在有趣的情境中"三研三探"，最终的课堂效果非常令人满意。

磨课的整个过程就像一场长跑，在过程中会有痛苦、难受、瓶颈，甚至会有绝望想要放弃，但坚持到最后，就会有一种"轻舟已过万重山"般的轻松，回过头就会收获这一路美好的风景和一个更棒的自己。作为团队一员，我见证了执教的彭老师为了做出更好的设计冥思苦想、殚精竭虑的样子，见证了杨老师直到凌晨还在给我们一遍遍修改指导的良苦用心，见证了团队合力将《面积单位的换算》这一课例一步步完善并展示的全过程。

在这个过程中彭老师是坚决的、追求卓越的，他说在这个过程中的收获是什么都换不来的。杨老师说，这节课其实她心中早有较好的教学设计，但她希望我们能拿出自己的思考和方案，这个思考环节才是最重要的。走在教学教研的路上，所有的经历都会成为我们前进路上的力量储备，坚持学习，坚持前进，不轻易妥协与放弃，才能到达更美好的远方。

读懂学生，和学生共创"好课"

——《换与不换》研习思考

李朝霞　成都市马鞍小学

首先，感谢杨薪意老师能给我机会和团队老师们一起进行《面积单位的换算》一课的研讨，此次研讨前后历时数月，我个人和团队收获颇丰。课堂教学设计是课堂的灵魂，杨老师的全程指导，让我掌握了"好课"设计流程；和团队老师们一起在课堂中战胜困难，也让我感受到作为教师的职业幸福。

从前，我们的数学教学更多提及的词语是"数感"，数数、计数、读数、写数、数的运算……近年来，"量感"一词才被频繁提及。新课标对于"量感"一词是这样解释的：量感主要指对事物可测量属性及大小关系的直观感知。

如何进行直观感知呢？我们发现：本单元前几课已经让学生对面积大小，如1平方厘米、1平方分米、1平方米的大小有了初步认识，学生积累了一定的直观感知。难道引入部分我们要用道具摆出来，让学生探讨面积单位之间的关系吗？这样未免太生硬，学生也欠缺积极性。

杨老师指点到，要培养学生的量感，必须先找到合适的载体。我们讨论认为，关于《面积单位的换算》一课，生活中最常见的情境就是"贴瓷砖"。

最初的设计我们也采用"贴瓷砖"的情境故事引入，彭老师试讲后发现，有部分学生听见做任务就垂头丧气、没有信心，如果任务有点难度，就更是干脆放弃。"贴瓷砖"这个看起来生活中最贴切的例子放在课堂引入上并不合适，它并不属于学生生活中感兴趣的事情。

杨老师继续点拨到，《面积单位的换算》重点在换算，为什么要换算呢？能不能以故事为载体体现"换"的必要呢？嗯，有道理！小学三年级的学生在生活中已经积累了一定的交换经验，为了提高学生的积极性，我们先后创编了"换瓷砖""搞装修"等故事。最后，彭老师创设了"换与不换"的故事，层层深入的故事情境完全吸引住了我们，我们听完后都拍案叫绝。"太棒了！"孩子们肯定感兴趣换与不换？占便宜还是吃亏？这些冲突的制造能引发每个学生代入思考，如何才能"合理""公平"地交换？这背后的本质是遵循现实生活的基本原则：等量（价）交换。这个原则能帮助捋顺学生的认知，唤起学生换得"必要"，换得"合理"，换得"公平"的意识。依托故事情境的"水到渠成"，学生就不会随意猜测，不会死记硬背，而会主动探索如何交换才是等量的。自此，面积单位的换算才能真正开始。

我们继续以故事情境为依托，让学生体会数和量并不能脱离，要进行统一思考。那么怎么换才合理呢？一步一步，层层递进，学生逐步开启对面积单位的主动思考。每个冲突的制造、数量的选择都是我们在试讲之后根据学生反馈再调整、再确定的。杨老师带领我们一次又一次、一遍又一遍有意识地制造冲突，引发争辩，启发反思论证，鼓励学生运用摆一摆、画一画、量一量等多种方式进行量感体验，变抽象为具象，成功完成初步建模，为学生类比、推理、想象等能力的培养创设条件。

由此可见，讲好一个"故事"是多么重要！创设故事中的冲突是多么关键！我们在杨老师的指点下跟随学生的认知视角，跟随学生想要"公平""合理"的内心，逐步引导学生主动探索知识。这一刻，知识的讲授本身并不重要，学生想要探索知识、解决问题才最重要！

长久以来，我在课堂中，在"学生的已有经验和认知"这一块下的功夫明显还不够。这次，我看到了杨老师是如何真实地和学生"站"在一起，如何探索学生的内心。我也深刻体会到，教师只有读懂学生，才能和学生共同创造"好课"，才能更好地帮助学生学习！

参考文献

［1］中华人民共和国教育部.义务教育数学课程标准（2022年版）［S］.
　　北京：北京师范大学出版社，2022.

［2］王明滨，刘翠玲，苏茜茗.把握知识本质 突出数学思考——"面积单
　　位的换算"教学实录与评析［J］.小学数学教育，2022（5）：38-39.

［3］李静.小学生数学单位换算思维障碍突破策略［J］.理科爱好者（教育
　　教学），2022（1）：171-173.

［4］高霞.中新小学数学课标"图形与几何"内容比较研究——以三年级
　　"周长与面例"为例［D］.济南：山东师范大学，2022.

第三章

符号意识

符号意识主要是指能够感悟符号的数学功能。知道符号表达的现实意义；能够初步运用符号表示数量、关系和一般规律；知道用符号表达的运算规律和推理结论具有一般性；初步体会符号的使用是数学表达和数学思考的重要形式。符号意识是形成抽象能力和推理能力的经验基础。

——《义务教育数学课程标准（2022年版）》

在"四重四建"中培养学生的"符号意识"

——以《确定位置》为例

杨薪意　学术指导

蔡成林　成都市成都外国语学校附属小学

周　丹　成都市友谊小学校

梁　婷　成都市石笋街小学校

陈　荟　成都市石笋街小学校

一课一深思

一、课前思考

（一）对核心词的理解

数对是一个表示位置的概念，其数学功能相当于坐标。本课旨在帮助学生在方格纸上用数对确定现实中的位置，通过结合现实情境理解用数对表示位置的必要性，初步体会数对的使用是数学表达的重要形式。比如，根据一个、一组数对，或数对中一个数字进行合理推理与联想，感受数对间的关系，知道数对的符号表达具有一般性。又如，根据一个数对分析与之相关的同组、同列或者对角线上的座位之间的关系，能够从一个点扩展成一张网的数对座位图，从数对中发现估计全班人数，引发对数对的数学思考。

（二）对这节课教材的解读

本节课学习内容主要是在方格纸上用数对确定位置。教科书以班级的座位图为具体情境，引导学生在真实情境中发现真实问题，让学生经历用数对表示位置的过程，理解数对的意义。结合新课标中对符号意识的解读，我们更加注重在具体的情境中潜移默化地让学生利用数对知识进行合理的判断与推理，在对数对的应用中进一步发展推理能力和空间观念，培养符号意识。

（三）对这节课教学的整体构思

1. 重视感知与识别，建立表象

本节课采用学生熟悉的现实课堂中的座位来触发学生对位置的描述，提取学生对确定位置的已有经验。初步让学生感知和识别数学符号，同时建立起符号的表象，学会用数学的眼光观察现实世界。

2. 重视理解与创造，建构意蕴

在探索数对确定位置时，充分尊重学生的认知水平，通过课前调查、多次试讲，了解学生在日常生活中已经清楚了教室的组和排的规定顺序，对于列与行，北师大版教材也已有涉及。因此，以座位图直接呈现出方格图，没有过多阐述。探究过程中，选用"约定俗成"等词，提升学生对数对的由来、内涵及特征的进一步理解，让学生基于自己的理解来创造数对，积极调动学生对符号表达的创造能力，使学生逐步建构符号的意蕴。

3. 重视推理与联想，建明内涵

引导学生自主探索数对中两个数字之间的关系，针对"写出与你的数对有联系的数对，并发现你的数对有什么特别之处。"这一核心问题展开讨论与发现，根据一个数对分析与之相关的同组、同列或者对角线上的座位之间的关系，从一个点扩展成一张网的数对座位图，以及从数对中发现如何估计全班人数。学生在课堂中占据主导地位，不断发现数对中隐藏的大量信息，能够根据一个、一组数对或数对中一个数字进行合理推理与联想，建明符号的内涵，用数学的思维思考现实世界。

4. 重视拓展与应用，建类表达

提升环节，设计生活中的其他数对，不局限于教室内外座位、情境中座位、课本上座位，基于现实情况，为学生初中学习坐标埋下伏笔，以此使学生重视符号的拓展和应用，建类符号的表达。

二、课堂实践

（一）第一环节：触发

师：今天，老师给大家带来了一个小礼物，想知道谁会是第一个幸运儿吗？

生猜测。

师：从大家目前的表现来看，第一个幸运儿在第2列，可能是哪位同学呢？能确定吗？还需要知道什么信息？

生：第几排。

师：他在第4排，他是谁？能确定了吗？请这位同学站起来，说一说自己的位置。（第2列第4排）

师：除了这种用列和排表达的方法来确定位置，还有没有一种更加简洁的记录方法？

【设计意图】在猜幸运者的情境中，让每个学生都成为情境的主角，感受数学来源于生活。让学生在对各种描述（符号）的感知和识别中，比较出用列和排描述最清楚，体会用数对表示位置的必要性，建立符号表象。

（二）第二环节：探究

引入：展示"淘气"在班级的座位图，请学生描述"淘气"的位置。（第4列第3排）

（1）独立研习，经历符号的创造过程。

师：大家开动脑筋，创造出一种准确、简洁的确定位置的方法，并把想出的方法都记录在自己的作业本上。

师巡视，收集典型作品：①4列3排；②4L3P；③4，3；④4-3；⑤4.3；⑥43；⑦（4，3）……

（2）同伴研习，理解数对的意义。

师展示收集的作品，总结：这些方法虽然各有特点，但都含有数字4和3。

师：为什么都要用数字4和3，它们各自表示什么意思呢？

生解释，交流。

师：数学家们也经历了这样的思考和徘徊，最终选择了形如"（4，3）"的方式表达类似的位置关系。首先在前面写了4表示"淘气"在第4组，又在后面写了3表示第3排，为了区别4和3，又用逗号把4和3隔开，只有4和3都被确定了才能锁定"淘气"的位置，所以就用括号把这两个数括在一起，形成了一对数，还给这一对数取了一个名字叫作数对。读作："数对四三"。

师：大家都同意用（4，3）来表示的"淘气"的位置吗？对此还有什么问题？

生：为什么一定要先写4再写3，先写3再写4不能吗？

师：好问题！数学家们也对这个问题进行过讨论，后来约定：以后凡是像这样用列和排来确定一个点的位置的，都将列数写前面，排数写后面。这样，数对中的两个数是有顺序的，以后用数对确定位置时，这一点一定要记清楚。

【设计意图】使学生通过独立研习，自主创造各种各样确定位置的方法；通过同伴研讨、交流讨论，经历数对产生的过程；通过集体研讨、对比交流、总结提炼，理解用数对表示位置的必要性。

（3）团队研述，感受数对的数学功能。

① 用数对表示自己的位置。

师：看来用数对这种简洁的数学语言来确定位置确实非常实用，那大家能不能用数对来表示自己的位置？

② 写出与自己位置有关联的数对。

师：你觉得自己的位置和哪些同学的位置有关联，你能把这些位置的数对写出来吗？可以多写一些，也可以找一找自己位置的数对的特别之处。

学生的作品大概有下面几种情况：

第一，相邻，如一个同学的位置是（4，3），与其相邻位置的数对有（4，2），（4，4），（5，3），（3，3），如此引导学生发现相邻位置的数对特点是其中一个数相同，另一个数相差1。

第二，同行，如一个同学的位置是（4，3），与其同行的数对有（1，3），（2，3），（3，3），（5，3）等，引导学生发现同行就是数对第2个数相同。

第三，同列，如一个同学的位置是（4，3），与其同列的数对有（4，1），（4，2），（4，4），（4，5）等，引导学生发现同列就是数对第1个数相同。

第四，在一条斜线上，如（1，1），（2，2），（3，3），（4，4），（5，5），而且数对中的两个数都相同。

第五，（2，6）和（6，2）数字相同位置却不一样。

第六，一行或一排的最前和最后位置，当一排最多有6名同学，一列最多有8名同学时，（1，6）就可以表示第1列的最后一排同学的位置。而（8，6）可以表示第8列的最后一排同学的位置，可以看出这一组一共有6个人，还可以知道全班大约有8×6=48人。

【设计意图】让学生在写自己位置的数对及与同伴交流其意义的过程中进一步理解数对的现实意义，进一步体会数对可以用于定位的功能；通过让学生写出相关联数对及寻找数对的特殊性，培养学生重视符号的推理和联想，如看到数对（4，3），（4，6），（4，1），知道这些数对表示的位置在同一列；让学生知道数对除可以确定位置外，还可以表示位置之间的关系和数量，建明符号的内涵。

（三）第三环节：提升

1. 生活中的数对——淘气班的座位图

（1）如何用数对表示淘气和笑笑的位置呢？

（2）寻找奇思和妙想的位置：奇思（4，3），妙想（1，4），你能在图中找到他们的位置吗？并说一说，他们分别坐在第几列，第几排？

【设计意图】情境换成其他班的座位图，让学生以观察者的视角进行观察，并通过用数对表示位置及根据数对寻找位置等活动，让学生再次理解数对意义，建构符号的意蕴。

2. 生活中的数对——检测队伍中的数对

师：除了教室里面有数对，生活中还有数对吗？

用数对的眼光看一看排队体检的队伍（图3-1）中，有数对吗？

图3-1

师：队伍中两个同学的数对分别是（3，2）和（2，3），你觉得谁先完成体检？同桌讨论一下，并说一说理由。

师：看来数对中的第2个数表示位置的前后关系，第2个数越小就越靠前。

师：（1，3）前面的数对是？〔（1，2）（1，1）〕

①（指着第1列的医生）这个医生的座位能用数对表示吗？〔（1，0）〕（指着第2列的医生）那他呢？〔（2，0）〕

②（指着旁边的教师）这个老师的位置能用数对表示吗？（0，0）

③（指着两列中间教师）这个老师的位置能用数对表示吗？（1.5，1）

试着想一想，如果在医生的后面还有一个拍照的老师，他的位置还能用数对表示吗？（负数）

④室内体育场中的其他任何一个位置都能用数对表示吗？

【设计意图】借助体检的情境，让学生从座位中的数对联系到生活中的数对，感受数对在生活中有着广泛应用。通过追问"这个医生的座位能用数对表示吗？""这个老师的座位能用数对表示吗""试着想一想，如果在医生的后面还有一个拍照的老师，他的位置能用数对表示吗？""室内体育场中的其他任何一个位置都能用数对表示吗？"四个问题层层递进的问题，让学生思维深度一步步迈上新的台阶，让学生对方格图上数对的认识拓展到对坐标系四象限初步的感知。

（四）小结提升：翻磁铁活动

师：同学们今天表现得这么棒，最后再送给大家一份惊喜（图3-2），想知道这个惊喜是什么吗？

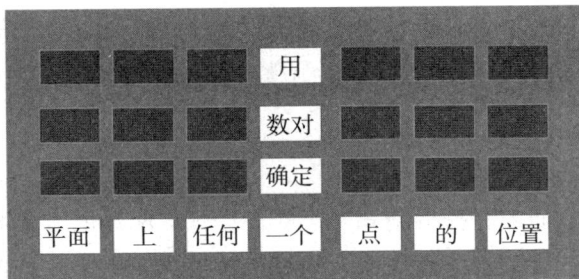

图3-2

师：惊喜就在这些数对里。请座位是这些数对的同学站起来，恭喜你们成为幸运者。请这些幸运者一起来开启今天的最后一份惊喜。开启方式是：翻开和你数对一样的磁铁片。（翻开的磁铁显示最后的板书：用数对确定平面上任何一个点的位置）

【设计意图】通过有趣的抽幸运者和翻磁铁活动，让学生感受数学的乐趣，进一步体会知识的价值，从而激发学生的学习兴趣。

一课一深研

问题一：如何在用数对确定位置的过程中，帮助学生经历符号化的过程？

（一）低起点，重体验

课始，我们采用"符号+情境"的方式，通过创设真实情境，让学生描述指定位置，触发学生元认知，让学生感受对同一个位置的不同表达方式，帮助学生实现"低起点，重体验"。通过描述指定教室里的一个位置，唤醒学生对位置确定的原有经验，让学生感受对同一个位置的不同确定方式，在真实情境中触发学生对探究新的确定位置的方法的意愿。

在多次试教中我们发现，"符号+情境"的触发环节能成功地唤醒学生对方位的学习经验，绝大部分学生能自如地运用第几列、第几排以及前后左右、东南西北来描述位置，并体会到确定教室里的一个座位时，用第几列、第几排是相对简洁、清楚、方便的方式，为用数对确定位置做好了认知准备和情感准备。

（二）慢进程，重理解

活动一"独立研习，探寻新知"。我们以任务驱动的方式激发学生，让每个学生创造一种让大家都能看懂的、简洁的位置表示方法，帮助学生在"个性化符号创造"中，以独特的学习方式感受符号的意蕴和简洁。

活动二"同伴研讨，探究解惑"。我们以欣赏品读的方式，引导学生在

"解释自己创造的符号—欣赏他人创造的符号—理解他人创造的符号"的过程中，进一步理解符号的意蕴，感受符号的多样性，体会符号多样性带来的相对性，感受统一符号的必要性。

我们以问题引领的方式，通过核心问题"哪些位置的数对与自己的数对有关联？""为什么有关联？""哪些数对含有特别的意义？"帮助学生在群策交流中形成共识，明确数对不仅可以帮助我们确定教室里的某个位置，还可以帮助我们推算出这间教室有多少列，每列有几个人，甚至还可以帮助我们估测出这间教室大约能容纳多少人。这也是本节课的设计亮点，它卓有成效地帮助学生在经历"数对"符号化的过程中，深刻理解了"符号表示数量、关系和一般规律"的内涵，体会到符号的使用是数学表达和数学思考的重要形式。

（三）活联系，重应用

我们以拓展运用为依托，巧妙地将"体检"这个学生非常熟悉的情境融入教学中，通过辨析体检排队中，两个同学的数对位置，判断谁先做完体检，帮助学生在真实的情境中利用数对解决真实的问题，认识到判断谁先做完体检只需要看数对中的第二个数字——这个数字越小，说明越接近医生，越先完成体检。通过观察并描述医生的位置、教师的位置，为学生今后坐标系的学习打下基础。

问题二：如何帮助学生感悟数对的内涵，发展学生的逻辑推理能力？

（一）联系课堂

当学生已具备用数对确定位置的基础时，教师提了一个开放性的问题："写出与你的数对有联系的数对。"此问题一抛出，课堂氛围顿时热烈起来，学生们跃跃欲试，都想表达自己的想法。生1："我的位置用数对（2，3）表示，我想到了数对（2，1），（2，4），（2，5），而他们和我是一列的。"生2："老师，我的位置用数对（3，5）表示，跟我有联系的数对有（3，4），（3，6），（2，5），（4，5）。"……紧接着，教师又提出了一个问题："这些数对跟你的数对有什么特别之处？"

生1迫不及待地回答道："我写的跟我的数对有联系的这些数对的同学都是

跟我一列的，所以，同一列的同学的位置的数对的第一个数字都相同。"生2的发现也让我们发现了本节课学生的闪光之处："我所写的这四个数对，就是我前、后、左、右四个同学的位置，前后的同学的数对跟我的数对第一个数相同，只是第二个数相差1；左右的同学的数对跟我的第二个数字相同，只是第一个数相差1。"

我们通过类似的提问，引导学生积极地探究与交流。比如，对同一横排、同一斜排的数对的特点等，学生都能够很清楚地表达这些数对之间的关系。这些难能可贵的发现，说明学生不仅有了对数对符号本身意义的理解，还能根据数对中一个数字进行合理推理与联想，这也是学生符号意识发展的重要表现。

（二）联系生活

通常的教学基本采用真实的教室环境，让学生感悟和理解用数对表示位置的功能，我们也不例外。但是，在此基础之上，我们设计了一个排队体检的真实场景：三列学生排队体检，确定其中一个学生的位置后，进行其他学生位置的推理。这个问题对学生来说，已经不是问题了，但是，教学设计了在队伍的最前面增加一个医生，医生的位置用数对该如何表示呢？这样的设问与学生前面的学习经验产生了冲突，学生知道了（1，1）（2，1）（3，1）这样的每排第一个位置的数对，然而在这些第一个数对前面再增加一个，该如何表示呢？接着，在第一排的医生旁边再增加一个老师，这个老师的位置用数对又该如何表示呢？如果在体检的其他位置增加一个、两个乃至多个同学呢？

这样层层递进地提问，让学生从有限的方格图上的数对学习拓展到对坐标系四象限的初步感知，这大大发展了学生的逻辑推理能力。

课堂教学中，一个真实的情境，就会给足学生联想的空间，一个巧妙的提问，就会触发学生理解数学知识内涵的欲望，在让学生体验到学习的乐趣的基础之上，发展学生深度学习的能力。

一课一提升

研习是新课标与新课堂的桥梁

——《确定位置》研习思考

梁　婷　成都市石笋街小学校

2022年7月，在杨薪意老师和周艳老师的指导下，我和三个小伙伴开始了参加全国新世纪小学数学第四届名师工作室教学设计与课堂展示活动的准备工作。围绕着"符号意识"这个主题，我们从理论学习开始，从学习2022年版新课标符号意识，到与2011年版课标符号意识进行对比，再到聆听各专家对符号意识的专题讲解，大家一步一个脚印地研读着。

时间来到2022年8月，任务继续明确：我们需要围绕符号意识这一主题，在一堂课中呈现出我们对符号意识的理解。对这堂课中"如何让学生经历符号化的过程？"这一核心问题进行答辩。将理论落实到课堂实践，需要一个过程。让理念落地并呈现在课堂教学中，是我们每一位一线教师必须尽力去做到的事。

团队选择了《确定位置》一课作为课例，并尝试在这一课中探索出让学生经历符号化的过程。

刚开始，我们抱着固有的思维模式，符号意识理念融入课堂的工作浮于表面。用数对表示位置本身就是符号化，这个内容对学生来说是简单轻松的，甚至学生通过自学也能在方格图上找到对应的位置，也能用数对表示出一个确定的点。那么怎样在这个学习的过程中让学生体验到这个符号化的过程，使学生对数对的理解感受变得丰满立体呢？在杨薪意老师的指导下，我们结合新课标中的符号意识内容，从"为什么要用数对来确定位置""数对确定位置的优势是什么""如何在活动中让学生体验数对、接受数对，感受到数对确定位置的好"等几个方面进行思考。确实，这些思考让我们的课程设计又上了一层台阶。我们有了明确目标，既能唤醒学生描述位置的已有经验，又能让学生初步感受到用第几列第几排这种位置描述方式最优的触发环节。教师轻轻地引，学生清晰地答，并且一边答，一边感受几种描述位置方式的不同。这个活动触发了学生的元认知，让教师及时了解了当堂学生学情，帮助学生建立了符号的表象，为接下来的探究活动做好了准备。

针对该课的新课设计，我们要明确：这节课中，符号意识在哪里？是什么？为什么？要把这些问题先想清楚了，再根据教材的编排，设计符合本班学生的情境，调动学生学习的兴趣和能力。

本节课呈现出来的课堂，清晰并且充分展示了学生经历符号化的过程。教师能明显看到学生在课后和课前对用数对确定位置这个主题的认知和体验。

走进符号意识，重新"确定位置"

——《确定位置》研习思考

陈　荟　成都市石笋街小学校

在过去的一段时间里，我有幸成为四川省杨薪意名师鼎兴工作室的辩论大赛团队的一员。这段经历让我受益匪浅，也让我对课堂教学有了更深刻的认识。

初次接触答辩活动，为了更好地认识和理解"符号意识"，我们认真学习了相关文献和文章，全面对比和分析了教材，为了更好地设计教学活动来帮助学生学会学习，发展学生的符号意识，我们对学生做了一个课前的试教试学。在尝试的基础上，我们确定了本节课的重点和目标。一堂优秀的课不仅需要优秀的设计，更重要的是关注学生的互动，关注学生的收获。

在不影响日常工作的情况下，我们开启了"一校两区"的试讲和研讨活动。每一次试讲，杨老师都会针对设计方案中的关键点给出具体可操作的指导意见，带着团队成员一起探讨如何利用"三研三探"的教学模式，在运用"四重四建"在"符号意识"的视角下进行围绕核心素养进行教学设计创新。这个过程让我对教学内容的设计有了更深刻的认识，对小学数学核心素养的具体内涵及其教学设计有了大致思路。经过多次改稿与试讲之后，设计方案从初稿到最后的定稿发生了质的飞跃。在研磨的过程中，我们对符号意识的认识也清晰起来。这也是我在此次比赛中的最大收获。

准备网络答辩时，针对必答题"本节课是如何用数对的方法确定位置，让学生经历符号化的过程？"以及预设问题"学习本节课，学生会遇到哪些迷思或困惑，教学时如何引领学生厘清迷思？""针对目标'能在方格纸中用数对确定位置，体会数对与方格图中点的对应关系，感悟符号的数学功能，发展符号意识和空间观念。'是如何帮助学生达成这条目标的？"，我们不断梳理教学意图，推敲答辩稿，预设可能被追问的问题，为辩论比赛做好充分的应答准备。首次参加这种类型的比赛，我们一开始很是茫然，不过有杨老师的支持与辅导，我们对于这堂课的认识越发深刻，并能够从理论的角度一次又一次地审视我们的课堂，反复琢磨，逐渐深入。

我们有了充足准备，沉着应答，配合默契，结合丰富的符号意识体验活动以及我们的教学设计核心，阐述了自己的设计理念和教学策略。我们团队协作，气氛温馨和谐，在杨老师的引领下，共同解决问题。

我非常感激能够参加这场于我而言十分独特的辩论赛，这段经历让我学到了很多东西，并为我未来的发展指明了方向。

在"磨"中成长

——《确定位置》研习思考

周 丹 成都市友谊小学校

刚接到赛课的活动时，我先是惊喜、紧张、自信，但在跟着伙伴们一起磨课过程中，我渐渐感到迷茫、激动、焦虑，并不时发觉从教这十多年的经验和想法的欠缺，意识到自己真需要好好把握住和专家面对面交流的机会，进行自我提升。就这样，我和伙伴们着手研究起了这节课。

（一）在"磨"中获得友谊

在当今这个信息发达的时代，一群平时几乎只活跃在朋友圈的小伙伴们，通过一个活动相聚线下。对于慢热的我来说，针对《确定位置》这一课的想法，刚开始几乎都是听大家说，偶尔插个话。但是，请相信，一个团队里面一定会有让你打开话匣子的人。

在我们磨课的过程中，杨老师就是这样的人。在我们都不太好意思说话时，她会不经意地说："忘掉别人的想法，我想听一听，这个环节你准备怎样设计？""你这样设计想教给学生什么？想教会学生什么？""不求面面俱到，而求侧重深入。"听完大家的想法后，她总会说："这想法还有点意思，我们还能不能再深究一下呢？"有了杨老师的肯定，我们收获了满满的成就感。

我们的组长也是这样的人。每当有人不自信地表达想法时，她一定会说："每个人都有各自的想法，你的想法真的很不错。"接着她往往会把自己的见解与想法毫无保留地分享给大家。

我们的讨论在外人看来就像在吵架，但我们知道，这是思维的碰撞。像我这样慢热的人，也渐渐敢于和大家侃侃而谈，这也是我在这个队伍中的改变。

（二）在"磨"中锻炼意志

每节课在磨课过程中，一定会遇到瓶颈，也会有想打退堂鼓的时候。在《确定位置》这节课中，核心问题该如何设计？如何在教学中，呈现"符号意识"的推理能力？我们开始犯难了。

为了这些解决问题，大家是线下聊完线上聊，白天聊完晚上接着讨论。甚至，晚上吃个晚饭的时间，群里都会有"99+"的消息。

在我们急需帮助和解围的时候，杨薪意老师会一字一句、毫无保留地指导我们的教学设计，从最开始的独立初稿，到后来的共同一稿、二稿、三稿……从各自满意，到后来大家满意；从纸上谈兵，到实践操作；最终成功录制参赛，付出和收获成了正比，这正是每个参与的小伙伴最期待的结果。

磨课，不是只有赛课时才进行磨课，而是要将磨课当作一种习惯来对待每一堂课。因为，经历过磨课的教师是幸运的，因为，不逼一下就不知道自己的不足，当然也会不知道自己可以有多优秀。

让活动落地，开出素养的花

——《确定位置》研习思考

蔡成林　成都市成都外国语学校附属小学

有幸代表杨薪意名师鼎兴工作室参加第四届新世纪小学数学全国名师工作室教学设计和课堂展示，为此我不仅要参与教学设计，更要把好的想法在课堂上落实。正因为既是设计者，又是实践者，我有了更深的感悟和收获。

从教十多年的我，《确定位置》这节课在这之前我不仅上过，而且有过深入研讨，但当要求让《确定位置》遇见符号意识，原本的设计思路让我始终感觉差点灵魂——无法很好地让学生经历符号化的过程。在杨薪意老师的带领、指导下，我一次次试讲和修改，从中我深刻感受到，要在课堂中落实好核心素养，活动是载体，即要设计出相关的学习活动，让学生参与其中。只有让活动落地，才能开出素养的花。

作为学生数学"符号意识"培养的启蒙者，我们应该在可行的情况下尽可能让学生接触符号、理解符号、记忆符号和应用符号，感受符号在数学学习以及生活中的优越性，从而启发学生对符号意义的认同，使学生感受到符号的价值所在。我们怎样才能将这样的想法落实下去呢？我们只有让学生去经历活动，让学生感受到符号的推理功能，让学生经历找与自己位置相关联的位置的数对的过程，让学生知道符号的运算属性，并利用数对估计全班的人数。因此我深刻感受到：有什么样的活动学生才能有什么样的经历，有什么样的经历学生才能有什么样的经验，有什么样的经验学生才能形成什么样的学能，有什么样的学能学生才能养成什么样的素养。

笛卡儿说过这样一句话："越学习，越发现自己的无知。"在探索符号意识的过程中，在研究《确定位置》这节课的过程中，我越发觉得作为一名教师只有不断地去汲取新的知识，去掌握新的技能，才能适应学生的需求和时代的需要，才能成为名副其实的知识的传授者；我也越发觉得生动的课堂、有生命力的课堂一定是学生积极参与活动的课堂，做到让每个学生都有参与学习活动的机会，并且给予学生较为充足的参与时间，并让每个学生都具备参与学习活动的能力。

重视活动设计与开展，期待我以后的课堂：人人有操作体验的机会；人人有独立思考的空间；人人有合作互助的能力；人人有交流共长的福利；人人有表达质疑的勇气；人人有感受成功的时刻。让活动落地，让素养开花。

参考文献

［1］中华人民共和国教育部.义务教育数学课程标准（2022年版）［S］.北京：北京师范大学出版社，2022.

［2］孙晓天，张丹.义务教育课程标准（2022年版）课例式解读小学数学［M］.北京：教育科学出版社，2022.

［3］朱立明.从"核心概念"到"核心素养"——2011年版与2022年版《义务教育数学课程标准》比较研究［J］.天津师范大学学报（基础教育版），2022，23（3）：1-6.

第四章

运算能力

运算能力主要是指根据法则和运算律进行正确运算的能力。能够明晰运算的对象和意义，理解算法与算理之间的关系；能够理解运算的问题，选择合理简洁的运算策略解决问题；能够通过运算促进数学推理能力的发展。运算能力有助于形成规范化思考问题的品质，养成一丝不苟、严谨求实的科学态度。

——《义务教育数学课程标准（2022年版）》

在多元表征中培养学生的"运算能力"

——以《估算》教学为例

杨薪意　学术指导

林　佳　成都市解放北路第一小学校

龚丹丹　成都市解放北路第一小学校

廖笙均　成都市解放北路第一小学校

张光宇　成都市解放北路第一小学校

一课一深思

一、课前思考

（一）对核心词的解读

估算是实际生活中非常重要的解决问题的有效方法，在生活中被广泛地使用。是否能够正确利用估算来解决实际问题取决于是否拥有良好的数感与合情推理意识。《义务教育数学课程标准（2022版）》中强调了培养学生的估算要结合实际情境，选择恰当的单位和方法。估算不仅能加强学生的数感，还能让学生在选择正确有效方法的思考中进行合情推理，提高学生的思维水平，培养学生用数学的思维来思考现实世界。

（二）针对这节课教材的解读

估算可以帮助我们解决生活中的实际问题，有助于培养学生的数感和推理意识。现阶段我们所使用的北师大小学数学教材，将"估算"与"运算"融合，首次出现"估"是在一年级下册第三单元《生活中的数》"数豆子"一课，本课注重对数量的估计以帮助学生形成量感。第六单元《加与减（三）》"摘苹果"一课，注重对运算结果的估算。此后，每个学段都编排了与"估"相关的教学内容，包含数量的估计，长度、面积的估测，计算结果的估算，以及根据统计结果进行估测，将估算以螺旋上升的方式渗透在整个小学数学的学习阶段。

（三）对"估算"教学的整体构思

基于上述认识，考虑到估算教学的复杂性，我们以"生活中的估算"为大课题，针对小学四年级学生设计了两个课时的教学内容。第一课时《旅行中的估算》主要教学估算的方法、策略与作用，以及结合具体情境选择恰当的方法。第二课时《策划中的估算》主要通过项目式学习，让学生在具体情境中感悟估算的尺度，体会哪种情况适合往大估，哪种情况适合往小估。

1. 重视感知与识别，建立表象

通过前测题中运用估算和精算的人数作对比，引发学生思考"生活中这类问题用精算好还是估算好？"从而帮助学生感知估算可以帮助我们更快速地解决生活中"所带钱币够不够"等问题，建立这类问题可以用估算来解决的表象。

2. 重视理解与创造，建构意蕴

在第一课时中，以"1800元够不够买三个人的动车票？"和"12节车厢能否容纳600名乘客？"两个旅行中的问题，让学生理解在这两种情境中分别要以"往大估"和"往小估"来帮助我们解决问题，体会估算的快捷便利。再以"晚餐一共花费多少钱"的问题让学生认识到估算除了往大估和往小估，还可以用中间估、四舍五入、凑整等具有创造性和个性化的方法来估算。在实际问题中理解估算的方法和作用，体会估算的价值和意义。

3. 重视推理与联想，建明内涵

第二课时是估算的深层次运用，通过餐食、交通、住宿、活动四个方面的策划，让学生体会估算的作用，理解费用预算可以往大估，在推理与联想中体会"可住人数""可乘人数""可容纳人数"不能往大估，同时让学生在小组交流分享的过程中学会思辨，提高思维的水平。

4. 重视拓展与应用，建类表达

通过两个课时对估算的学习和探究，让学生充分感受到估算的作用和价值，并且掌握一定的估算方法与策略，在正确选择估算的策略中培养一定的推理意识；同时通过大量贴近生活的实例让学生有较好的估算意识，能够主动根据问题情境正确判断是否用估算来解决问题，以及用什么方法来估算，让学生具备独立思考、解决问题的能力。

二、课堂实践

◆·第一课时《旅行中的估算》·◆

（一）第一环节：触发

创设情境，淘气一家准备去上海旅行。

问题1：淘气妈妈要买一家三口的动车票，手机里只有1800元，够吗？（儿童票：346元，成人票：692元）

（二）第二环节：探究

1. 独立研习，探寻新知

生1：692×2=1384（元）

1384+346=1730（元）

因为1730＜1800，所以1800元够了。

师：老师发现你还在思考的时候，有的同学就已经判断出来了。你知道他们为什么这么快吗？

生1：他们用的估算。

师：你们能估算吗？

生2：车票的价格是692元，我们可以把它看成700元，那两张成人票就是2×700，1400元，一张儿童票的价钱是346元，可以看成350元，淘气妈妈买票一共需要1750元左右。现在有1800元，1800比1750多。我往大估了都够，那实际肯定够。

生3：车票的价格是692元，我把它看成700元，那两张成人票就是700×2=1400元，一张儿童票的价钱是346元，1400+346=1746元，1746肯定比1800小，所以1800元够。

师：两位同学都说"大估都够，那实际肯定够"，这话是什么意思呢？

生：就是实际花费比估算的更少，所以肯定是够的。

师：我们把这种方法称为大估。（板书：大估）

师：用精算和估算都可以解决买票的问题，哪种方法又快又简单？

生：估算，我觉得估算可以帮我们快速解决生活中的问题。

师：看来估算具有快速预估的特点，它可以帮助我们快速解决钱带得够不够这样的问题。

【设计意图】结合具体的问题情境让学生体会到估算具有快捷性的特点，估算的方法可以往大估。通过引导学生思考为什么可以这样估，让学生感悟估算逻辑的合理性，培养学生的数感和推理意识。

2. 同伴研讨，探究解惑

教师播放乘坐动车视频。

问题2：这列动车每节车厢有56个座位，12节车厢能容纳600名乘客吗？

学生独立思考后，小组交流并汇报。

生1：我把56看成60，12节车厢，$60 \times 10 = 600$，我把56往大估才刚刚够，所以实际上肯定不够。

生2：不对，虽然你把56估大了，可是12却估小了，少了2个56呢，所以你实际上是把结果给估小了，估小了都够所以肯定够。

生3：我认为应该把56看成50，$50 \times 12 = 600$，我往小估了，都够了，那肯定就够了。

师：这次，大家都把数往小估。

【板书】小估

师："往小估都够了，那肯定就够了"这句话是什么意思？

生：就是说实际上的座位比估的结果更多，所以肯定是够的。

师：看来估算不仅能解决钱够不够的问题，还能帮我们快速判断出座位够不够。

【设计意图】使学生认识到估算的方法可以往小估，同时在利用估算结果进行判断时还要结合实际情况进行合情推理，让学生在推理的过程中形成数感。

师：刚才用往大估的方法，可以预估钱够不够，现在用往小估的方法，判断能不能容纳下这么多人，那么估算方法还可以帮我们解决哪些问题呢？

问题3：淘气一家终于到达上海，他们准备品尝上海的美食。

他们一家的晚餐费用大约是多少钱？（图4-1）

菜名	单价	数量
水品虾仁	62	1
上海白斩鸡	86	1
八宝鸭	88	1
上海糖醋小排	102	1
扣蛋卷	48	1
肉皮汤	35	1
合计		

图4—1

生1：60+90+90+100+50+40=430（元）

师：他是怎么估的？（估算）

生：有的往大估，有的往小估。

师：看来还可以大小结合着估。（板书：大小估）

生2：62+86=148，148看成150，88+102=190，48+35=83，83看成80。150+190+80=420元

师：他是怎么估的？

生：凑整估。

师：看来在估计总费用时既可以往大估，也可以往小估，还可以大小估和凑整估。（板书：凑整估）

师：他们吃完饭，服务员拿来账单，要付512元，对吗？

生：不对，我们估算才400多一些，不可能超过500。

师：对了，看来估算还可以帮助我们检验精确计算的结果是否正确。（板书：检验）

师：刚才我们在帮淘气解决问题时用到了大估、小估、凑整估等方法。其实估算的方法还有很多，要根据实际情况来选择。我们还发现估算起到了预估、判断、检验精确计算的结果的作用。真棒！

【设计意图】让学生充分交流，表达自己的想法，了解他人的算法，体现估算方法多样化，使学生体会到解决同一个问题可以有不同的方法，促进学生

进行比较和优化，理解估算的价值。同时引导学生在精算和估算的比较中，体会估算还能起到检验精确计算的作用。

（三）第三环节：提升

师：其实，我们已经学习过很多关于估算的知识，一起来回头看看。

出示课件，展示小学1~3年级课本上学习过的估算知识。

师：看来估算就在我们身边，你知道在生活中哪些情况可以用估算吗？

明确：估算在我们的生活中可以广泛使用，但是当涉及医药研发、科技数据运算这些高精技术时就必须用精算。

【设计意图】进一步体会估算在生活中的应用价值，同时正确认识估算的应用领域，辩证地思考。

◆·第二课时《策划中的估算》·◆

（一）第一环节：触发

师：上节课我们学习了估算的方法，知道了估算有预估和判断的作用，这节课我们继续利用估算来帮我们做活动的策划。（板书课题：策划中的估算）

教师播放视频介绍成都市金牛区教育局"微光行动"。

师：大凉山的孩子家庭贫困，物资匮乏，没有到过大城市，不知道大城市的繁华，没有坐过电梯，更不知道地铁，不知道城里的你们是怎么生活怎么学习的，他们非常想到外面的世界去看一看，想来成都看一看。

师：那这节课我们就来策划"微光行动"的第二步，让大凉山的孩子们走出大山，到成都来研学，要策划和组织研学活动，我们要从哪些方面来考虑呢？

生：餐食、交通、住宿、活动、费用。

师：你们真是细心、考虑周全的孩子。今天我们就从餐食、交通、住宿、活动这几个方面来策划，准备资金是12万元，够不够呢？

【设计意图】通过"微光行动"引入策划活动，让学生了解国家精准扶贫工作的推进，培养学生对党和国家的热爱之情。同时让学生明晰本节课的学习任务即策划凉山彝族自治州学生到成都的研学活动，通过策划深入探究怎样进行合理估算。

（二）第二环节：探究

活动要求：①独立完成策划单。②和组内伙伴交流自己的想法。③准备向全班汇报。计时10分钟。

1.独立研习，探寻新知

分组抽取任务并策划。

【设计意图】分配任务，明确活动要求，培养学生的时间观念。

2.同伴研讨，探究解惑

学生小组内交流各自想法。

3.团队研述，探索提炼

组织全班汇报。

（1）餐食组

问题1：食堂为凉山彝族自治州的师生准备了以下餐食，算一算，每人每天的餐费大约是多少钱？

早餐：鸡蛋一个、牛奶一盒、面食一份，共10.20元。

午餐：两荤一素一汤，共18.80元。

晚餐：三荤一素一汤，共20.90元。

问题2：按照上面的预算，师生共198人，他们在成都一共研学5天，准备5万元够吗？

问题1：

生：把10.20看成10，把18.80看成19，把20.90看成21，10+19+21=50（元），每人每天餐费大约是50元。

问题2：

生：把198看成200，200×50×5=50000元，准备5万元够。

想一想：在做餐费预算时怎么估算更好？为什么？

生：在做餐费预算时，我认为往大了估更好，因为这样可以多准备一些预算，可以避免到时候不够。

师：（板书：费用预算往大估）你想得很周到，真是会思考又细心的孩子。

【设计意图】通过对餐食费用的估算，让学生体会小数、整数的估算，并结合实际明确在对费用进行预算时可以适当往大估算，在费用预算中培养学生的估算意识和能力。

（2）住宿组

师生共198人，为他们租用某学校的学生宿舍。男女生宿舍每个房间都可以住8人，至少为他们准备多少个房间？每间宿舍租金共1000元，一共要花费多少元？想一想：在安排住宿时应考虑什么问题？

问题3：

生1：把198看成200，200÷8=25（个），25×1000=25000（元），至少为他们准备25个房间，一共要花费25000元。

生2：把198看成200，把8看成10，200÷10=20（个），20×1000=20000（元），至少准备20个房间，一共要花费2万元。

生3：我不同意2号同学的想法，只准备20个房间的话只能住160人，因为20×8=160，他们有198人，住不下。

师：两名同学都用了估算来解决这个问题，为什么2号同学估算的结果却不行，问题出在哪里呢？

生：因为他把每个房间住的8人看成了10人，而实际上是不能住那么多人的，这样估算出来的房间就不够住了。

师：看来我们估算的方法要恰当，在准备房间时，可住人数是不能往大了估的。安排住宿需要花多少钱呢？（生：25000元。师板书：可住人数不大估。）

师：在安排住宿时，我们应该注意什么呢？

生1：我们要考虑男女生分开安排住宿，还要考虑能不能住得下，所以每个房间可住的人数是不能往大估的。

【设计意图】通过对住宿房间的合理估算，让学生理解在安排住宿时学生人数可以往大估，而房间可住人数不能往大估，在实际问题中体会合理估算的方法，在估算中培养学生的推理意识。

（3）住宿组

师生共198人，研学期间如果只租一种车，租哪一种更合适？租几辆？费用是多少？

大巴车：限乘48人，每辆车五天一共6000元。

中巴车：限乘42人，每辆车五天一共5000元。

想一想：在考虑租车问题时只用估算行不行？为什么？

生1：把198看成200，把48看成50，200÷50=4（辆）大车需要4辆，4×6000=24000元；把42看成40，200÷40=5（辆），中巴车需要5辆，5×5000=25000元，24000小于25000，所以租大车更合适，租4辆，费用是24000元。

生2：不同意你的想法，大车4辆，4×48=192人，还有6个人没有座位，所以大车必须5辆才行，但是这样又空了很多座位，而且5×6000=30000元，比租中巴车的25000元更多，所以我认为租中巴车更合适。

师：你用精算4×48=192，反过来判断他预估的结果，发现出了问题。很有反思和质疑的精神，这里把48看成50，是把什么估多了？

生：把大车可以乘坐的人数估多了。

生：汽车的可乘人数不能往大估。（板书：可乘人数）

师：那么电影院的可容纳人数、飞机可乘人数能不能往大估呢？

生：都不能。

师：那外面这些要往里面装的人数可不可以往大估？（生：可以）所以我们人数198看成200没有问题，而48看成50却出了问题。

师：通过计算，交通费大约是25000元（板书：25000元）。上一节课我们知道了估算可以检验精算的结果，现在我们还知道了精算也可以反过来检验估算的结果，我们在实际运用中就是要这样运用估算和精算可以互相检验、互相补充的作用，来不断调整和完善我们的策划。（板书：估算、精算、检验、调整）

【设计意图】通过对租车问题的探究，使学生体会估算与精算的关系，明白在实际生活和运用中它们可以互相检验，根据实际情况常常可以结合使用，它们具有互补的关系。同时再一次体会可乘人数与前面可住人数一样不能往大估，同时通过举一反三，了解在一定空间范围内可容纳人数（可容纳物体的数量）是不能往大估的，在推理中掌握正确的估算方法。

> （4）活动组
>
> 学生188人，教师10人，要去参观成都大熊猫基地，买门票大约需要花多少钱？（成人票55元，学生票27元）
>
> 想一想：怎么估算更简便？怎么估算更准确更合理？

生1：把188看成200，27看成30，学生200×30=6000元，老师55×10=550，6000+550=6550元。买门票大约需要6550元。

生2：把188看成190，27看成30，学生190×30=5700元，老师55×10=550，5700+550=6250元。

师：这两位同学都是把数往大估，那我把188估成600，27估成100可以吗？

生：不可以，这样数据差距太大了，预算太多可能造成浪费。

师小结：对，所以我们在做预算时要合理估算，注意估算的尺度，这样才能让预算更准确。（板书：合理估算尺度）

【设计意图】通过对买门票费用的估算方法的对比，体会估算可以快速算出大概费用。但是估算是有尺度的，通过对比，让学生体会怎样估可以更精准，掌握合理估算的方法。

师：准备12万元资金够吗？

生：25000+25000=50000，50000+50000=100000，100000+6250肯定小于120000，所以12万元是够的。

【设计意图】通过对总费用的预估，判断12万元够不够，培养学生的全局思维，让学生掌握策划活动中合理进行预算的方法，形成策划的整体性思维，体会估算在策划中的作用。

（5）总结

师：通过刚才同学们的分享，你学到了什么？

生1：我学到了费用预算时要往大估。而且要合理地估，把数看成最接近的整十或整百数才能更准确。

生2：我知道了房间可住人数、汽车可乘人数不能往大估。

师：那么电梯的限重、桥梁的限高可以往大估吗？（也不能）

生3：我知道估算可以检验精算，精算也可以检验估算。

【设计意图】让学生通过总结与反思，归纳策划中进行费用预算、住宿与交通安排的方法，同时明确可以结合实际合理地使用估算，体会估算在策划中的作用，将数学与生活紧密联系起来。

（三）第三环节：提升

师：非常感谢同学们帮大凉山区的孩子们策划了研学的活动。他们真的来到了成都，参加了研学。（播放研学视频）我们的党和国家非常关心祖国的下一代，既包括他们，也包括你们。我们要和大凉山区里的孩子们互帮互助，共同成长。你们只有健康成长，好好学习，从小培养热爱党、热爱祖国的情感，树立远大的理想和信念，长大才能和大凉山的孩子一起把我们的家乡、把我们的祖国建设得更美好！我们和他们携手共进，一起努力好吗？（生齐呼：好！）

【设计意图】通过谈话对本课进行总结，培养学生热爱中国共产党、热爱祖国的情感，引导学生和山区孩子互帮互助，从小树立建设祖国、报效国家的伟大理想，融合德育达到数学学科育人的目的。

（四）板书设计

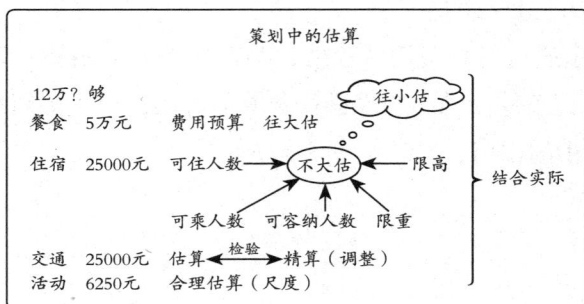

一课一深研

问题一：如何在估算教学中培养学生的运算能力？

在小学阶段，估算能力的表征不仅有推理能力，对学生数感和运算能力的培养也是一个重要体现。数感主要是指对于数与数量、数量关系及运算结果的直观感悟，那么如何在估算教学中培养学生的数感和运算能力呢？我们通过两节连续性的估算教学，结合真实情境，从不同的维度对学生的运算能力进行培养。

（一）创设真实的情境，提高学生对估算的意义和价值的理解

没有具体情境的估算是没有意义的，因此两节课我们都创设了学生身边熟悉且真实的情境，引导学生独立思考，感受估算在解决实际问题时带来的简便性和快捷性，理解估算策略选择的合理性。在解决具体问题的过程中让学生再次感悟估算的价值和意义，让学生结合数据特点合理地选择估算方法和策略，通过估算过程中的数据对比体会运算的意义。

（二）结合真实的情境，提高学生对数据特征的敏感度

在教学中我们不难发现，学生基本都能掌握估算的方法，即大估、小估、大小估、凑整估等，但是会出现部分学生按部就班、机械套用的现象，即不假思索地胡乱选择估算方法和策略。如何避免产生这种现象呢？那就是要提高学生对数据特征的敏感度。敏感度的提升不是一蹴而就的，需要我们在认识数的环节从数的组成、大小、顺序、互补数的特点等方面加强训练，提高学生对数据特征的感知力，还要结合题目要求，让学生根据数据的特征灵活地进行估算。

（三）分析真实的情境，提高学生用估算解决问题的能力

在实际操作中估算要根据实际情境来选择恰当的策略，无论是往大估还是往小估都应该有一定的尺度，不可无限制地往大估或往小估，否则就失去了其实际意义。因此估算时需要考虑估算的尺度，以此提升学生的运算能力。

比如针对第二课时中"活动组"的问题，学生呈现了两种办法，教师进一步追问"把188估成600，27估成100可以吗？"，引发学生思考估算结果与精算的结果的差异。通过这样的设计，让学生体会到用估算在解决实际问题时一定要考虑估算的尺度和实际意义，再选择更加合理的策略进行估算，同时估算后可以利用精算检验估算的正确性，发展学生的运算能力。

（四）反思真实的情境，提升学生对估算有效性的评价

当学习完估算后，往往有部分学会产生定式思维，看到"大约""大概"这一类词语就开始进行估算，而忽略了对真实情境的分析和反思，因此我们在第一课时的最后出示了各种生活情境，让学生判断在这些真实情境下是选择估算还是精算。在第二课时的住宿和租车问题中，我们精心设计了数据，让学生通过两种实际问题的探究，理解可乘人数、可住人数不能往大估，在推理中掌握正确的估算方法。这样的设计让学生进一步体会到估算的价值，拓宽了学生的视野和思维，加深学生对数的感知和理解，从而提升学生解决问题能力。

问题二：怎样在估算教学中培养学生的推理能力？

2022版课程标准指出："能在简单的真实情境中进行合理估算，作出合理判断。"学生在运用估算解决问题时，需要对问题进行观察、分析、猜想、思考、推理、判断、运算等，并思考估算策略合不合适，反思估算结果合不合理，考虑方法选择（估算和精算）是否最优。可见，在估算教学中引导学生进行深度思考可以发展学生的推理能力。如何在估算教学中培养学生的推理能力呢？我们认为可以从三个切入点入手。

（一）重视评价过程，培养推理能力

在用估算解决问题后，我们可以组织学生对估算的策略展开交流与评价。让学生在评价估算过程中明白，对于估算过程我们不能单纯地用"好不好"来评价，也不是估算结果与精确结果越接近就越好，而是合理即正确，也就是只要估算结果能够有效地解决问题就是合理的。例如，《旅行中的估算》在探究环节的"情境一"中，提出交流："为什么要往大估？"《策划中估算》在探究环节的"餐食预算"中，提出交流："在做餐费预算时怎么估算更好？为什么？"这些关键问题都旨在引导学生的思考：为什么在限制了预算费用的情况下我们要把收集的数据往大估？其他的估算方法能不能帮助我们"确定"费用不超支？这样，教师通过追问，在反复论证的过程中，培养了学生的推理能力。

（二）重视反思结果，发展推理能力

在解决问题后，我们还可以引导学生思考估算结果是否符合实际情况。让学生在深度反思中，感悟估算结果的合理性。学生解决问题的方法往往是多样的，大估、小估、凑整估、寻找区间估、精确计算……方法的多样就会造成结果的差异。例如，《旅行中的估算》在探究环节的"情境二"中，学生出现了四种方法：

（1）往大估：

$56 \approx 60$，$60 \times 12 = 720$，$720 > 600$，所以座位够了。

（2）往小估：

A方案$56 \approx 50$，$50 \times 12 = 600$，$600 = 600$，所以座位够了。

B方案$12 \approx 10$，$56 \times 10 = 560$，$560 < 600$，所以座位不够。

（3）大小协调估：$56 \approx 60$，$12 \approx 10$，$60 \times 10 = 600$，$600 = 600$所以座位够了。

通过对结果的反思，学生发现：只有往小估才能"确定"座位"够不够"。但是新的矛盾又产生了，同样是往小估的策略，B方案为什么不对？此时，教师借助图形，通过对比精确值和B方案结果的取值范围，发现这个估算结果估少了一百多，无法帮助我们确定座位"够不够"。大小协调估的策略，看似很合理，但是通过直观图我们也能发现，这个结果的取值范围在720和560之间，精确值也在这个范围内，这样的估算结果不能帮助我们"确定"座位"够不够"。教师把精算和估算、估算和估算的结果进行对比让学生反思，利用几何直观帮助学生进一步探究这样的误差产生的原因。这样，学生在掌握估算策略的同时，不仅能发展数感，还能培养推理能力和几何直观能力。

（三）重视灵活应用，提高推理能力

估算与精算是两条并行的解决问题的路径，它们可以互相作为检验和判断正确性、合理性的依据。但是实际生活中有的情况适合估算，有的情况不能用估算。因此，我们应该让学生在具体的情境中，辨别"近似数"和"准确数"，从而清楚地知道什么情况下选择估算，什么情况下应该精算。例如，《旅行中的估算》的"情境三"中，引导学生判断"这个精算的结果对不对？"。又如《策划中估算》一课中的"交通预算"，教师巧设数据，让学生用精算验证估算的结果，引导学生发现"如果用估算的结果租车将有6个人没有座位"，所以汽车的可乘人数是不能往大估的。可见，估算与精算并不是非此即彼，而是相辅相成的。学生结合实际情况，灵活地将估算和精算运用在解决问题中，这样的思辨过程极大地提高了他们的运算能力和推理能力。

一课一提升

估算教学，这一路"磨"过来

——《估算》研习思考

龚丹丹　成都市解放北路第一小学校

当确定了要和吴正宪老师一起上《估算》这节课时，我的内心十分惶恐。一是面对国内顶级的小学数学教育者的那份志忑，二是估算教学对于一个刚工作3年的新手来说其难度很大，心里总有个声音在告诉我，"不行，我上不了！"每当我打退堂鼓时，团队的老师总是鼓励我："不要怕，这是非常难得的近距离走近名师的机会，虽然是和吴老师一起上，但是我们作为后辈无论上得怎么样，都是向吴老师学习，向吴老师致敬。"好吧，机会难得，在志忑中，我接下了这个艰巨的任务。但是新的问题来了，估算课怎么上啊？四舍五入？凑整？到底哪个方法好？估算到底要估到什么程度呢？学生的对于估算是否有认知？认知程度如何？这些问题反反复复在我脑海里出现，让我完全无法迈出第一步。于是，学校组织了估算磨课团队，和我一起思考，一起开启了对估算教学的探讨之路。

我们学习新课标，知道了培养学生的估算意识和估算能力，有助于发展学生的数感；研读教材，翻阅了整个小学阶段的北师大版、人教版、苏教版所有教材，发现估算知识贯穿于始终，并且都出现在解决问题的例题中，这说明了估算是解决问题的策略之一，强调了学生学习估算的必要性；也从知网上下载、从知名权威公众号中疯狂学习关于估算和估算教学的文章，了解到估算的方法和策略适用于不同的情境。但是新的问题又来了，估算的方法那么多，不同的情境适用不同的策略，我究竟该以估算方法为重还是以培养估算意识为重？还是二者兼顾？我们又先后邀请了四川省特级教师杨薪意老师、教研员苏晗老师和张川老师来帮我们磨课。最终大家一致确定，估算教学可以分为两课时，分别以不同的侧重点来进行教学。我教学第一课时《旅行中的估算》，侧重估算的方法、策略与作用，第二课时项目式学习由林佳老师教学《策划中的估算》，侧重在具体情境中感悟估算的尺度，体会哪种情况可以往大估，哪种情况适合往小估。

从第一次试讲到正式执教，经历多次修改、试讲和研讨，每次都有思考、改善，效果也截然不同。经过这一次的磨课，我对估算教学的以下三个问题有了进一步的探索和思考。

（一）"为什么估？"——体会估算的价值和意义

备课既要备教材，还要备学生。只有注重学生的认知起点，同时找准知识的生长点，教师的"教"才符合学生有效的"学"。通过设计前测题："妈妈带了1100元钱去商店购买电器，电饭锅288元，电风扇517元，电磁炉195元，妈妈带的钱够吗？"发现采用估算的学生远少于采用精算的学生。通过访谈发现学生普遍缺乏主动估算的意识，没有体会到估算的价值。于是在后续的磨课过程中，我们创设真实有效的情境、设计合理问题，让学生处于适当的问题情境中，留给学生适当的时间思考，让学生在切身体会中感受估算的意义和价值，以此培养学生的估算意识。

（二）"什么时候估？"——明确估算的作用，注重培养估算意识

我们创设生活化的情境——淘气一家去上海迪士尼乐园旅游，并设置三个有效的问题：①淘气一家三口买动车票，1800元够吗？②这列动车每节车厢有56个座位，共12节，能容纳600名乘客吗？③他们一家的晚餐费用大约多少钱？学生在贴近生活的真实情境中用估算快速地作出预估并进行判断，体会估算的快捷和便利，感受估算可以检验精确计算结果的作用，从而培养了估算的意识。

（三）"怎样估？"——了解估算的方法，注重估算方法的多样化

估算的方法是多样的，但是都必须根据实际情况选择不同的策略，有的问题只适合往大估，有的问题只适合往小估，而有的问题用大小估、中估、四舍五入估、凑整估等方法都可以，要让学生处于问题情境中充分感受估算方法的多样性，学会选择适合的方法进行估算，丰富估算的策略。

在估算的教学中，让学生把被动估算变为主动估算，需要教师创设实际的情境，潜移默化地渗透估算意识，真正让学生去感悟、去体验学习估算的必要性，让学生充分经历分析、比较、推理等思维过程，发展学生的数感和推理意识。

估算教学的思与行

——《估算》研习思考

林　佳　成都市解放北路第一小学校

毋庸置疑，估算是困难的。

首先，估算方法的多变和复杂导致估算结果的不确定性。我们知道估算方法具有多样性、复杂性、灵活性、多变性和主观性的特点，所以估算的结果也并非唯一的，估算正确与否的评价标准不确定，评价过程比精算更具有复杂性。

其次，估算教学的价值和意义没有得到重视。北师版教材将估算渗透在各个学段的计算教学中，教师通常都是以计算教学为重，估算教学是顺应教材的编排为估而估，前后活动设计不连贯，目标不明确，估算价值没有得到体现。好一些的教学就是将估算结果与计算结果进行比较，以估算结果的范围来判断计算结果的正确性。虽然"用于检验"是估算的一个重要作用，但其作用远不止于此。将估算结果与计算结果进行比较的过程有助于学生数感的养成，所以估算教学是必要且重要的。

估算需要具备一定的数感、合情推理和思辨的能力。比如问题1"一件大衣399元，一条裤子198元，带600元够不够买一件大衣和一条裤子？"和问题2"电影院2号厅共有20排，每排29个座位，能容纳600人吗？"这两个问题，乍一看都是"够不够"的问题，但是它们的本质是不一样的，问题1可以将数据往大估，把399看成400，把198看成200，400+200=600，600=600，往大估钱都够，实际上肯定够。而问题2学生很容易也把数据往大估，20×29看成20×30=600，600=600，判断为电影院能容纳600人。这里是学生的推理和思辨出了问题，因为我们把29估大了，看成了30，实际上的座位是不足600个的，因此不能容纳600人。再看问题3"小明有132元，哥哥有156元，一套科学实验套装285元，他们俩的钱合起来够买这套实验套装吗？"很明显如果把132+156看成130+155=285，285=285，把两个的人钱看少了都够，实际上肯定够，这里往小估的方法明显是正确的，如果往大估肯定不对。但事实上学生还可以只估一个数，即130+156或132+150，而这两种方法前者好判断，后者就增加了不确定性，需要更深层次的思辨和推理。除此以外，学生还有可能一个往大估，一个往小估，看成130+160=290，290>285，够买这个套装。在这个问题中这样判断是可以的。可是这种方法风险大，如果数据稍有变化则极有可能判断错误。由此可见，在通过估算进行判断的过程中，策略的选择、方法的使用都离不开实际问题情境的支撑，更离不开推理、思辨和良好的数感，有时还需要调整估，这就为选择估算策略带来了不可忽视的困难。

诚然，我们无法在一节课或者两节课就将以上所提到的所有估算方法与适用的实际情况进行归纳和梳理。那么能否让学生在如此纷繁复杂、灵活多变的情境中选择正确的策略和方法以作出正确的判断从而解决问题呢？

我们设计了两课时，让学生初步认识估算的方法和作用，然后再进一步深入感受在策划活动中估算可以帮助我们解决生活中的实际问题，体会估算的现实意义。同时通过不同的问题情境让学生明确：①费用预算时通常可以往大估，但是应注意尺度，不可无限度地往大估，脱离实际；②"可住人数""可（限）乘人数""可容纳人数"以及"限高""限重"通常都不往大估，而是往小估更符合现实逻辑。

随着对"估算教学"探讨的深入，我不禁想道：估算教学到了这一步就可以了吗？还能更进一步吗？在判断够不够问题时，我们确定了"可住人数""可（限）乘人数""可容纳人数""限高""限重"不往大估，只适合往小估，那么与之对应的哪些情况又只适合往大估呢？如果把"可住人数""可（限）乘人数""可容纳人数""限高""限重"看作标准，是一个容器，那么这个标准、容器之外要装入的数量很显然就应尽可能地往大估，如若这些外部数量往大估都小于标准、小于容器的限定额，那就是肯定够的。这么来看，在解决所带的钱够不够买某件物品时，物品的价格就相当于标准和容器的限定额度，因此估所带的钱时应往大估。而所带钱币确定，要去估物品价格时，则应该往小估，因为把标准和容器的限定额度估小了都够，那么实际上就肯定够。但是这个逻辑要让学生充分理解和掌握是非常有困难的，必须在充足的实例列举和对比中让学生去体会，在合情推理中去理解。

行难知易，且行且思！

积跬步方能至千里

——《估算》研习思考

廖笙均　成都市解放北路第一小学校

估算，是指根据具体条件及有关知识对事物的数量、测量或算式的结果作出的大概推断或估计。在以往的教学中，我们对估算教学的认识有很大的误区，主要表现在概念界定不清，对估算价值理解浅薄，估算教学意识淡薄，就题讲题。这就导致我们的学生在应用估算解决问题时存在以下几个问题：①思维定式化。解决问题时遇"估"才估。②方法单一化。不能根据具体情境调整自己的估算方法，"四舍五入"一用到底。③策略混沌化。估算时不能选择恰当的策略。围绕提高学生的估算意识，培养学生的估算策略，我们在"估算"教学研磨的过程中，定方向、明目标、育意识、促成长，积跬步至千里。

定方向。好的教学必须充分了解学生的已有认知，我们对学生进行了前测和访谈，发现学生不喜欢用估算，认为估算答案多，容易想错，不如精算答案唯一，方便判断。这充分说明学生用估算来解决问题的意识薄弱，对估算方法与策略的认识浅薄。我们的估算教学应侧重对估算意识的培养。

明目标。估算教学贯穿小学整个阶段，主要分布在"数与代数"和"图形与几何"领域，内容较为分散。根据学情，我们把估算的教学目标确定为：掌握估算方法与策略。把素养目标确定为：培养学生的数感、估算意识、推理意识和运算能力。

育意识。真实的生活情境有助于培养学生的估算意识，帮助学生积累估算经验。为了设置一个真实而又有意义的情境，我们对第一课时的情境进行过三次调整。从最初的"策划旅行费用"到购物活动，再到最后的"淘气的旅行"主题，一个比一个更贴近学生的实际生活，有助于学生在情境中调用已有认知和经验，处理信息、设计方案、预算费用，体会估算在不同的问题情境中的作用与价值，大大提升了学生的估算意识。

促成长。通过一轮一轮的研讨、一场一场的专家指导，我们明晰了估算教学路径，找准了估算教学的侧重点：估算不仅要估、要算，还要结合问题情境讲"理"，在"估"的过程中培养学生的量感，在"算"中提高学生的运算能力，在讲"理"中发展学生的推理意识。

对学生估算意识和能力的培养，不是一蹴而就的。作为教师，我们需要放眼未来，为素养导向下的小学数学教学"积跬步"，方能带领学生行"至千里"。

"估"出价值，"磨"出精彩

——《估算》研习思考

张光宇　成都市解放北路第一小学校

估算是一项非常重要的技能，它最大的功能就是能帮助人们快速解决实际生活中的问题。我们认真研读了2022版新课标，课标指出估算重在解决问题，通过创设现实情境，给学生自主探索的空间，让学生感悟估算的价值，从而培养学生的思维能力和数感、量感，进而提高学生的估算意识和推理能力。因此，我们要引导学生在具体的问题情境中选择合适的单位进行估算，体会估算在解决实际问题中的作用，了解估算的实际意义；在解决实际问题的过程中，会选择合适的方法进行估算，能在解决实际问题的过程中运用恰当的方法进行估算，并能描述估算的过程。

北师大教材从一年级100以内的运算就开始对估算有所涉猎，但是学生在遇到实际问题时会不会选择估算来解决问题呢？学生又能不能正确选择估算策略呢？为了了解学生的实际情况，我们设计了一道前测题，统计后我们发现使用精确计算的学生占绝大多数，而采用估算的只有很少的学生，这是为什么呢？是因为学生对估算的意义和价值认识不够，没有感受到估算解决问题的简洁性和快捷性，同时大多数学生没有把估算和生活关联起来，这也是学生缺乏生活经验的表现。

基于以上的学情，我们的课应该定位在哪里呢？经过研究与讨论我们觉得我们的课要解决五个问题：①为什么要估算？让学生体会估算的价值和意义。②什么时候需要估算？培养学生的数学眼光，能对实际问题进行分析和判断。③怎么估算？掌握估算的方法，包括大估、小估、大小估、凑整估等。④估算的尺度是什么？让学生感知估算的方向和距离，估要有理，估要有尺。⑤估算与精算有什么联系？让学生了解估算与精算之间是互补的、相辅相成的。要解决以上五个问题，一节课是不够的，于是我们团队最终决定进行一次两节连堂课教学，第一节课解决前三个问题，第二节课解决后面两个问题。

新课标要求在真实的情境中体会估算的作用，那么我们应该创设什么样的真实情境？我们首先想到的就是购物，这也是最贴近学生生活的情境，也是我们认为估算最容易出现的情境，但是除了购物还有什么情境呢？光购物是不是太过单调呢？两节课的情境如果都是购物，学生是否会产生"估算只用在购物中"这样错误的思维定式？我们团队陷入了沉思。我们又一起回顾了吴正宪老师的课例，希望能从中找到一些启发。在一次研讨会上，领衔人杨薪意老师提出，数学课不仅仅是学数学，还可以融入品德教育，除了购物，还可以安排住宿、租车、限高限重等。同时，区教研员苏晗老师也建议：何不做一个大情境背景下的项目式学习呢？这个想法让我们茅塞顿开。于是，我们以金牛区开展的和大凉山布拖县手拉手的"微光行动"为真实情境，让学生针对组织大凉山小朋友来成都研学需要涉及的餐食、交通、活动和费用进行策划和预算，同时融德育于数学课堂。

有了这个方向，团队就开始设计和试讲，因为这个情境是真实的，学生的感受也比较深刻，课堂中每个组都在围绕自己的核心问题，选择正确的估算策略解决问题，真正体会到了估算的价值。我们在经历了独思、群思、反思三思活动后，经过几次的磨课和修改，达到了预期的效果。

我们认识到估算的教学能培养学生的数学思维能力，发展学生的数感、量感、推理意识，提升学生的应用意识，让学生"想估算、会估算、能估算"。

将估算发展成为一种自觉意识需要教师长期进行潜移默化的渗透和指导。这就需要我们创设具体的情境，设计有趣的活动，重视学生的主体地位，在课堂中调动学生思考的积极性以及注意力，在课堂中注重启发式引导，通过生生交流和师生交流，让学生学会思辨与推理，体会估算的价值和魅力。

磨课不是追求完美的课堂，而是教师专业成长的一种历练，是教师专业水平提升的一个抓手，更是学校教师团体发展的主要平台。让我们在磨课中，"磨"出教师个人深度把握教材的能力，"磨"出学校团队合作交流的默契，"磨"出学生主体求知的需求，"磨"出教师创新思维的火花。

参考文献

［1］中华人民共和国教育部.义务教育数学课程标准（2022年版）［S］.
    北京：北京师范大学出版社，2022.

［2］孙晓天，张丹.义务教育课程标准（2022年版）课例式解读小学数学
    ［M］.北京：教育科学出版社，2022.

［3］刘林琴.估算教学在小学数学计算教学中的价值与策略［J］.数学大世
    界（中旬），2016（3）：65.

第五章

几何直观

　　几何直观主要是指运用图表描述和分析问题的意识与习惯。能够感知各种几何图形及其组成元素，依据图形的特征进行分类；根据语言描述画出相应的图形，分析图形的性质；建立形与数的联系，构建数学问题的直观模型；利用图表分析实际情境与数学问题，探索解决问题的思路。几何直观有助于把握问题的本质，明晰思维的路径。

——《义务教育数学课程标准（2022年版）》

在"五条策略"中培养学生的"几何直观"

——以《旋转与角》为例

杨薪意　学术指导

周　艳　成都市石笋街小学校

曾　辉　成都市全兴小学

胥　艳　成都市石笋街小学校

王孟昕　成都市石笋街小学校

一课一深思

一、课前思考

（一）对核心词的理解

旋转与角的几何直观：根据活动角在旋转过程中所能形成的不同大小的角，抽象出数学中常见的五种基本角。想象活动角在旋转过程中两条边不断变换位置关系的过程中，发现角会随着张口的大小变化而发生改变，产生不同的角。在旋转角的过程中，如果依次转动，形成角的过程中会有角的变化规律，理解角的大小关系。

（二）对这节课教材的解读

1. 本课地位+教材编排解读

这节课是对角的再一次认识，也是初中进一步学习角的基础课。教材注重培养学生探究的习惯与能力，以"情境+问题串"的形式触发学生的思考与探索，让学生借助活动角认识不同的角，了解不同角之间的大小关系。我们认为对活动角的操作，有助于提升学生的空间想象力，发展学生的空间观念，因此要利用好这个素材，结合学生的实际情况设计教学活动。

2. 横向+纵向内容解读

纵向解读教材，每一册内容都有"图形与几何"的知识，这些知识编排符合儿童的认知心理。而且知识的学习并不集中，而是分散学习。横向解读每个图形的知识，很多都不是一次性完成，需要分学段来学习。比如角的认识，在小学阶段都分成两个学段分别学习。第一学段是角的初步认识，建立表象；第二学段研究角的本质属性。这样螺旋上升，从"基础知识的学习"逐步走向"空间观念的培养"。

3. 问题驱动+操作活动解读

操作活动角，观察旋转运动中角的动态，对学生来说是容易的。但是，本节课是要认识动态形成的角，如何理解"一条射线（一根小棒）可以旋转成角？"，这个问题对于学生来说具有很大挑战性。教师需要鼓励学生大胆创新，让学生通过把射线运动前后的变化位置画出来，找到角，理解"动态角"。基于这样的考虑，我们设计了这个重要的核心问题，在这个核心问题下组织学生生发子问题，不断地深入思考、推理，形成初步的空间观念。

（三）对这节课教学的整体构思

1. 重视感知与识别，建立表象

学生的空间知识来自丰富的现实原型，与现实生活关系非常紧密，这是他们理解和发展空间观念的宝贵资料。培养空间观念要将视野拓宽到生活空间，重视现实生活中空间与图形的关系。比如，第一学段"角的初步认识"就是让学生从大量的生活素材中认识了角，感受到空间与人类生活密切相关。在这一次学习中，主要是通过丰富的操作活动认识"角"，经历这样几个步骤帮助学生形成角的表象。首先是"看一看"，学生认真仔细观察角的特征。其次是"动一动"，让学生根据观察到的画出来，这就是把初步感知的特征又用静态的形式展示。再次是"想一想"，图形旋转后形成的新的图形又是怎样的呢？这些不同角之间的联系是什么呢？"角"的本质特征又是怎样的呢？最后是"找一找"，把数学中的角与生活中的角联系起来，更加深刻地认识到角的本质意义。这样，学生的空间形式就有具象化的过程，又把具象化的角抽象出本质意义。要重视从实物到图形的抽象，更要开展形式多样的教学活动（如交流生活经验、观察实物、动手操作、描述和表示图形、想象等）帮助实施。学生能够在观察、想象、比较、综合、抽象分析的过程中发现数学的本质，这也是培养学生空间观念的基础。

2. 重视理解与创造，建构意蕴

随着年级的升高，学生学习经验的累积可以走向"数学化"。激活学生的已有经验，让学生在原有认知上再次学习，帮助学生从直观的表象特征到本质属性的过渡，使学生知道数学的本质意义。

教师要帮助学生理解知识的学习过程，理解知识的本质意义，让学生经历由图画物、由图想物，由分解到综合的过程，为发展学生的空间想象和创新意识打下坚实的基础。在小学生的年龄阶段，实践操作不仅能够激发学习兴趣，也便于建构概念表象，所以，在教学中要多给学生操作的机会。在《旋转与角》的这节课中，"转一转""玩一玩""画一画"等不同形式的操作活动，让学生知道了动态中角的形成过程，很好地区分了静态角和动态角，并让学生知道了角的本质就是一条射线绕着端点旋转而成的图形。在这一过程中，学生厘清了关系，深化了对角的认识，发现了角的大小形成的过程，辨别了平角与直线、周角与射线的区别，明晰了角与线之间的关联与意义的不同。这对学生形成空间观念是比较重要的。

3. 重视推理与联想，建明内涵

学生深化数学认知特别重视知识的本质，即知识的内涵是什么，知识之间的联系是什么。整个思考过程不是教师告诉学生应该怎么做，而是教师引导学生不断地进行联想与推理。在《旋转与角》这节课中，学生会联想继续转下去，角的大小还是会发生变化，这个角的度数是越变越大吗？学生最熟悉的角是直角，他们根据直角的认知经验就推理出比直角大的角和比直角小的角分别是哪些角。推理与联想是学生进行深度学习、直击学习本质的关键路径，学生还要能用语言清楚叙述图形的属性和表达操作过程的思考，这是对知识内化的过程，能帮助学生找到知识的本质属性。这也是对学生空间观念培养的必要策略。

4. 重视拓展与应用，建类表达

如果说知识的发现与形成是一种"具体—抽象"的概括思维过程，那么"拓展与应用"就是"抽象—具体"的演绎思维过程。教学中，在学生掌握了基础知识，在头脑中对图形知识有了大致认知以后，教师要带领学生进行角的图形知识的综合运用。学生只有在不断运用中，才能进一步巩固并发展空间观念。并在不断实践中，用正确的较强的空间想象来深化空间观念。在现实生活中，确实蕴藏着很多的数学信息，如果学生能够将数学信息抽象化，使之形成数学问题并加以解决，就能感受到数学学习活动的美，感受数学既好玩有趣又有用。

二、课堂实践

（一）第一环节：触发

1. 激活经验，唤醒角的认知

师：同学们，今天我带来了你们学习中的老朋友（师出示活动角），你知道哪些有关角的知识？

2. 直观演示，理解常见的角

师：试试用活动角演示出锐角、直角、钝角。（学生展示）

强调：判断一个角是不是直角一定要用三角尺的直角去比一比。

追问：当一个角是直角时，两条射线的关系是什么？

生：互相垂直。

小结：一条边不动，另一条边旋转形成了锐角。继续旋转另一条边得到了直角和钝角。

【设计意图】二年级学生对角有过初步的认识，这次是角的再认识。学生对于曾经的知识或许有所遗忘，教师可以通过情境问题唤醒学生的经验，了解学生已有认知，帮助学生在新旧知识之间建立联系，使学生在原有知识上找到新的知识生长点。

（二）第二环节：探究

1. 独立研习，探究新知

活动一：玩一玩，形成角

师：玩法升级，请玩一玩这根磁条，看它能不能形成一个角？

出示活动要求：

① 不改变磁条的形状，玩出一个角。

② 比一比谁的方法多。

预设：

（1）同桌合作一起做一个活动角，固定一条边，另一条旋转形成角。

（2）借助手指、直尺等其他工具组成角。

（3）压住磁条的一端，转动磁条，磁条的起始位置和终止位置形成角。

小结：前两种都是借助外力，唯有最后一种策略让这根硬磁条动起来了。磁条的起始位置和终止位置形成了角。

【设计意图】如何让学生想到从动态的角度认识"角"这个概念？如何在活动中形成空间概念？答案是应该让学生经历一个独立思考的过程。引导学生进一步思考、让学生自主发现：我们只要让角的一条边或者一条射线动起来就可以形成角。

2. 同伴研讨，答疑解惑

活动二：转一转，形成不同的角

师：让你手中的磁条旋转起来，使其起始位置和终止位置形成一个角。

师：继续这样旋转一周，看看依次可以形成哪些角？

学生同伴合作，要求：

（1）一人旋转1根磁条形成角，另一人观察并描述形成了怎样的角。

（2）两人互换角色，交流意见。

（学生合作完成）

【设计意图】让学生经历由静态认识到动态认识的过渡，最好的策略就是让学生多操作、多玩，在玩的过程中发现角是由磁条的起始位置和终止位置形成的，并在继续旋转磁条的过程中，发现更多的角。

活动三：画一画，抽象数学中的角

师：这根可以旋转的磁条相当于一条射线，请让射线旋转起来，并把旋转一周形成的各种角画下来。

预设：旋转一周，依次可以形成锐角、直角、钝角，继续旋转，形成的角越变越大，还会形成平角和周角。

认识新的角：平角和周角。

设问：平角两条线的位置关系是怎样的？周角呢？

小结：平角是射线绕着端点旋转，终止位置和原来位置在一条线上；周角是旋转一周后射线的终止位置回到了起始位置。

【设计意图】学生通过直观操作和观察想象，认识了数学中角的抽象，理解角的大小与角的张口有关。并且在操作中，学生有了让射线绕着端点旋转形成角的经验，从而发展了空间观念，提升了思维品质。

3. 团队研述，探索提炼

活动四：想一想，认识角的本质

师：直线是平角吗？射线是周角吗？

追问：为什么我们画的角都有范围符号？

预设：角是由射线旋转得到的。

范围符号可以看出两条边的位置关系。

如果没有范围符号，平角、周角和直线、射线就分不清楚了。

小结：这样能够反映出角的形成过程。

【设计意图】让学生经历思考与深度学习共行，深入思考与辩论共同理解角的本质属性——有些是标准角，有些是范围角。提升思维品质，发展学生的空间观念，让学生对角的认识不再是一个一个的独立的样子，而是旋转过程中不断变大的过程，知晓角的本质属性。

活动五：想一想，明晰角的大小关系

师：想一想，对于刚才形成的所有角，你有什么发现？

预设：

（1）锐角＜直角＜钝角＜平角＜周角

（2）1周角=2平角=4直角

小结：角可以通过旋转形成。

4. 回顾反思

师：今天认识的角是怎样形成的？我们还知道了角之间的大小关系。

【设计意图】在想象中内化角的特征，让学生深入思考，充分发挥学生的语言表达能力以及对角的本质属性的分析理解。这样，学生能够更全面地分析图形，理解空间、把握空间，将直观与抽象进一步融合，在发展中形成空间观念。

（三）第三环节：提升

活动一：比较中认识生活中的角

师：你能从生活中找到角吗？

小结：角在生活中能带来美感与挑战。（视频欣赏）

【设计意图】数学来源于生活，并应用于生活。教师的引导与拓展能够帮助学生打开思维，开阔眼界。

活动二：折一折

每人折一个角，和同桌比一比，说一说角的大小关系。

【设计意图】通过折一折、比一比活动，让学生认识有些角是标准角，有些角是范围角，加深对角的认识。在操作活动中，培养学生的空间观念。

一课一深研

问题一：四年级动态角的认识和二年级静态角的认识有什么不同？

（一）从"静态认识"跨越到"动态认识"

从角是有两条边和一个顶点组成的这样直观的认识，到神奇地发现可以换种角度认识角。在动态的旋转活动角活动中，可以发现角的形成过程。固定一条边不变，另一张磁条转动，起始位置和终止位置的范围就是角。

（二）动态认识角是静态认识角的再认识

静态角的认识，来源于生活模型，学生认识的是一个一个的角，角的形成是间断、不连续的。动态活动中形成的角可以让学生发现旋转的那根磁条，每一个位置都可以形成一个不同大小的角。可以发现到有些角是标准角，如直角、平角和周角；有些角是范围角，如锐角和钝角。这也为学生后面学习角的度量奠定基础。每个角都有属于自己的度数与大小。更能让学生发现角的本质属性——角的大小和角的张口有关；更好地理解张口是什么意思——两条边张开的程度。

（三）在想象与创造中，学生脑海中的角是运动的

空间观念的培养是对学生的想象力与创造力的挑战。首先，从具体到抽象。对于创造产生的角、旋转后得到的角，要让学生画出来，这样通过多种途径和方式让学生真正体会到这种不断转化的学习方式带来的益处，感悟到虽然我们看到的角是静态的，但是它的形成过程是运动的。其次，从抽象到具体。比如，学生眼中的角是一条射线绕着端点旋转，能够形成各种类型的角。这样学生的空间观念就真正建立起来了。通过运动去认识、理解、记忆角的形成与基本性质。让学生充分利用变换去认识、理解几何图形是培养学生几何直观的好办法。

问题二：一根磁条如何旋转形成一个角？这些角的大小关系是怎样的？

认识角有方向、有位置，而且要根据位置确定角的大小。我们从以下几个步骤进行了操作活动：①观察。旋转到什么情况下是锐角？②想象。垂直后再旋转到什么位置是钝角？那两边在一条线上了呢？（再动手操作，从垂直到直线之间）③先想再操作，那还可以超过直线吗？（渗透优角）④再旋转，直到两边重合。（周角）⑤思考角的本质属性。旋转至什么情况分别是什么角？（角在哪里，根据旋转的方向箭头和标记的角的范围符号）⑥角的产生。运动中形成的图形，同一平面内，两条线的位置关系，角的大小，看角的范围。发现角的形成过程是锐角＜直角＜钝角＜平角＜周角。在这个核心问题中，培养学生的空间观念。当然空间观念的培养应该贯穿在整节课中，不是在某一环节或者某一个点培养空间观念。根据一个角就可以推理出其他的角，找到角之间的大小关系。

问题三：哪些具体的活动培养了学生的空间观念与推理意识？

（一）活动一：玩一玩

李文馥等数学家的研究证明，发展儿童的空间表象能力在于让儿童判断物体的位置关系。其主要包括儿童的知觉经验和对客观特征的熟悉。

在四年级教学中，要让学生体会角是一条射线绕着它的一个端点旋转形成的，这对学生来说是个难点。如果教师以指令的方式直接让学生固定一条边，旋转另一条边，学生很容易操作。但是，我们认为这样的方式学生更多的是在接受学习。如何才能触发学生主动思考，发现旋转一根磁条可以形成角呢？我们顺应学生的天性，设计了第一个活动——玩一玩，让学生利用一根磁条去创造一个角。

（二）活动二：转一转

玩一玩活动触发了学生空间知觉，但该如何持续并深化学生的空间思维呢？我们设计了第二个活动——转一转。首先，面向全体，整体感受，让每一个学生都能按照"压住磁条的一端，转一转"，感受磁条原来的位置和现在的位置可以形成角。

其次，尊重学生个性。因为不同的学生会把磁条的起始位置放在不同的位置，可以是垂直位置或者斜着的任意位置，而不仅仅是定向在水平位置。通过转一转学生能发现：不管起始位置在哪里，只要旋转磁条，磁条的起始位置和终止位置就会形成角，进而认识到角是可以看成一条射线绕着它的一个端点旋转而成的图形，感受到角的大小和开口有关，体会动态角形成的有序性。我们认为，转一转活动是我们整个设计中最精彩的环节。它让学生在转中体验、思考。

（三）活动三：画一画

对于图形的认识，不能死记硬背图形的特征，必须通过具体的操作活动去感知、发现，才能建构正确的空间形式。

二年级学生在画角的时候，更倾向于依赖工具与经验来画出角的样子。他们会借助三角板或长方形纸等实物上的角，描一描或拓印得到一个角，也会根据角的特征先画出角的一个顶点，再从顶点引出两条射线得到一个角。我们认为通过本节课的学习后，学生再画角时应该从动态的角度画出角，画法一定会和二年级时不同，即先画一条射线，再将这条射线在头脑中旋转形成的角画在纸上，通过画的方式将隐性的空间思维可视化，使空间观念得以形成和巩固。

（四）活动四：想一想

经历了前面三个活动，学生的空间思维是否得到了提升？空间体系是否得到了完善？我们设计了第四个活动"想一想"，希望通过回顾角的形成过程，帮助学生在大脑中建立系统的动态表象，让学生通过语言的表达外显自己对角的再认识。课堂中，教师让学生闭上眼睛，想象有一条射线，绕着端点在脑海里慢慢地旋转起来，形成了大大小小的不同的角。从几次的试讲来看，在教师的引导下，学生都能够抛开具体的实物操作，通过想象，用自己的语言描述出脑海中形成的角，感悟角的大小与射线旋转前后的位置有关系。

总之，通过课堂的观察，我们发现玩一玩、转一转、画一画、想一想四个活动，因为遵循了学生的认知起点，所以能够有效帮助学生经历从直观到半抽象，再到抽象的全过程，实现了让学生从动态的角度认识角的教学目的。通过对这节课的研讨，我们更加认识到：把经验作为展开空间学习的认知基础，把观察作为产生空间知觉的触发环节，把操作作为强化空间模型的重要方式，把想象作为完善空间结构的关键因素，把推理作为发展空间思维的主要动力是培养学生空间观念的有效策略。

一课一提升

他山之石，可以攻玉

——《旋转与角》研习思考

周　艳　成都市石笋街小学校

　　第一次以"组团"的形式参加活动，第一次以新世纪教育的主题研究形式开展"空间观念"的解读，第一次命题研讨北师大版四年级上册《旋转与角》，第一次需要全程展示研讨过程……为什么要用这种形式完成任务呢？因为我们凭着自己的力量是完不成那些任务的，是读不透对主题的理解的。要想在一次活动中有所成长，有所收获，就要与伙伴同行。

（一）全心全意参与

　　组队之后，伙伴们能够把每次活动都当成自己的事去思考与完成。记得第一次研讨，团队老师都不吝惜地表达想法。

　　"队友们，我最后选择的内容是《旋转与角》，这节课是四年级上册的内容，也是角的再认识，因为二年级已经初步认识过角了。这节课在本单元中位置是在线的认识之后，这节课的情境是从旋转一个活动角开始的，在活动中要认识两个新的角，平角和周角，最后要比较常见的五个角的大小……"

　　"打断一下，这些都是教材和教参可以看见的，不用再说。我们现在需要梳理一下，参加这样的活动，首先应该是分工，然后是合力。我们要一起学习关于'空间观念'的理念知识，然后要认真解读教材，出教学设计，最后上课落实。"

"我赞同张老师的说法，既然是主题活动，就要紧紧围绕主题开展，用理念来指导我们的教学设计，教学设计是理念的实践支撑。"

"现在需要梳理出我们先做什么，再做什么，不能一把抓……"

整个研讨活动，看似有不同的意见与声音，但是伙伴们都能够直言不讳，这提高研讨的效率，促进了团队成员之间的相互之间理解与支持，把更多的时间留给真正的研讨。

（二）凝心聚力再出发

我们要与团队对话，这一点非常重要。人往往害怕被拒绝。与团队对话的一个关键是——不要去评判是非，也不要认定自己就是不对的。伙伴们应共理解、共包容，互相站在对方的角度看问题，成为对方的支持者。

琢之精，获之乐

——《旋转与角》研习思考

胥　艳　成都市石笋街小学校

玉不琢，不成器；人不学，不知义。在职业成长的瓶颈期，何其有幸遇到一位良师，一群可爱的小伙伴，他们给我的研讨磨课增加了自信的底色。

（一）精雕——潜心致思

磨课是痛苦的过程，也是教师自我提升的机遇。在磨课的过程中，团队成员人人深度参与，带着问题思考，带着语言表达。教育追求真，评课议课更要追求真研讨，伙伴们对自己所见所闻所思直言不讳；彼此听取意见，找出亮点和需要改进的地方。就在这样一次次磨的过程中，一轮轮推翻教案的过程中，又一稿稿新的作品被呈现之后，大家的交流更加顺畅，合作更加默契。我经常想起一些美好的研讨画面，我们会因为一个共同的话题或一个细节各抒己见、畅所欲言；也会为了一个问题安静思考、低头不语，特别像一群在教室学习的孩子。

（二）细琢——研以致进

磨课的时间和地点并不固定，教室、办公室，还有课间的操场、午餐时的食堂、云端相约……只要有了新的想法，我们就会及时分享、讨论并记录下来。每位伙伴都是本着"如果我来教，我会如何想"的态度，在"百家争鸣""知无不言"的氛围中研讨，每位参与者都能以最自然的心态来表达自己最真实的想法，在多种想法、教法的展示中去思考哪些更适合执教者，更适应学情。有了比较和选择，教师自然会深切地感悟到一堂课的多种元素，这不仅让执教的教师看到了教、学、课堂生成等方面的问题，而且能让听课的教师多维度地思考。在一节课中，同一份教案，每位伙伴都是熟悉的，也是亲自在自己的课堂实践过的。所有的参与者都是在一起收获和进步，课堂从一位执教者的个体行为变成群体行为，教师的工作方式从封闭走向开放，发挥集体智慧的同时提升了教师个人的教学智慧。

（三）收获——踏歌致远

我们教师面对的课堂并不是一成不变的，它是开放的、动态的具有许多不可预测的课堂。每次试教的"预设"与"生成"之间的变化和调整都需要大家反复思考、多次修改、完善思路、反复试教……一次磨砺一次进步。磨课不是为了追求完美的课堂，而是为了在讨论和课堂教学中，"磨"出教师把握教材的深度，"磨"出教师合作交流的默契，"磨"出学生主体求知的需求，"磨"出教师创新思维的火花。我们在一次次的试教、反思、讨论、修改、磨炼中成熟起来，在困惑和痛苦、顿悟和快乐中感受着成长。

互学共研，拔节而上

——《旋转与角》研习思考

王孟昕　成都市石笋街小学校

一个人可以走得很快，一群人才能走得很远。教师个人的专业化发展，离不开整个集体学习、研究、分享。而磨课的过程，是教师专业素养提升的过程。在每一次的磨课过程中，我从观念、理论知识水平和教学方法上都获得了新的认识与提高。

（一）潜心打磨

一堂优秀的课，离不开教师的反复打磨。在我参与的以"空间观念"为主题的磨课活动中，我看见了多位老师围坐在一起，大家反复讨论，集体分析、说课，从而确定教学方案。一次次地备课、试讲、教师观课；一次次地总结、反思、议课、评课。如此反复打磨每个细节，大家毫不吝啬地发表自己的看法和建议。最后终于呈现出良好的课堂效果，直到这时我才意识到，原来精彩的课堂背后离不开集体的智慧。

在磨课过程中，我能感受到每位教师对待教学工作的认真，大家集思广益，潜心研究课本，在相互交流中取长补短、推陈出新，把团队的效能发挥到最大。

（二）注重合作

在磨课的过程中，不断试讲、倾听、评议，修改、否定、重构，对于执教者和听课者均是一种历练。首先，它让我们意识到教师并不仅仅是知识传授者，更是学生学习的引领者和合作者。每个学生都有自己独特的见解和思考方式，通过与学生合作解决问题，我们能够更好地理解他们的思维方式，并从中获得新的启发和思考。

（三）在实践中进步

我深知教育是曲折的，就像求解一道数学题一样。曾经有一堂课，我以为我准备得十分充分，但发现学生并没有像我预期的那样投入。他们的思维在漫游，仿佛与我的教学脱节。挫败感袭上心头，课后在进行课堂复盘时，整个团队就这一情况展开了激烈讨论。这让我意识到了自己教学方式上的不足：和部分青年教师一样，我总是在课堂中主导讨论，没有给学生足够的发言机会。因此，和同伴研讨后，我决定调整教学方式，注重培养学生的合作精神和团队意识，从学生的视角出发，关注"如何提升学生在课堂中到的参与感？""如何知道学生是否已经掌握本节课的知识点？""如何通过本节课的内容学习提升学生的创造力与知识迁移能力？"等问题。这样的调整给我的课堂带来了新转变。

在磨课的这段时间里，我们看到了学生的进步和成长。他们从被动地接受知识向自主地思考和探索转变。通过小组合作，他们学会了倾听和尊重他人的观点，并且能够更好地表达自己的想法。他们极大地提高了学习的自信心和积极性，更加愿意主动参与到课堂讨论中。这段经历让我体会到了教育的魅力和无穷可能性。

磨课，不仅有助于营造积极的工作环境，推动教师之间的高效沟通，还有助于学生更好地学习和全面素质提升。正因为如此，我们要在磨课中多学习、多思考、多实践，为学生提供更好的教育。

参考文献

［1］中华人民共和国教育部.义务教育数学课程标准（2022年版）［S］.北京：北京师范大学出版社，2022.

［2］邢佳立，吴玉兰，张麟.角的认识与度量教学研究［M］.北京：教育科学出版社，2014.

［3］史宁中.数学基本思想18讲［M］.北京：北京师范大学出版社，2016.

［4］史宁中，曹一鸣.义务教育数学课程标准（2022年版）解读［M］.北京：北京师范大学出版社，2022.

［5］曹培英，顾文.跨越断层，走出误区：小学数学深度学习教学研究［M］.上海：上海教育出版社，2022.

［6］潘小明.儿童空间观念的培养与发展［J］.教育实践与研究（A），2010（12）：35-38.

［7］韩翠萍.合理构建空间观念　促进学生思维发展——对大同市Q小学高年级数学教师空间观念的调查［J］.高教学刊，2015（18）：212-213.

在"五条策略"中培养学生的"几何直观"

——以《圆的认识》为例

杨薪意　学术指导

揭　琳　成都市行知小学校

何　毅　成都市白果林小学校

黄莉萍　成都市行知小学校

杨春梅　崇州市大划小学校

一课一深思

一、课前思考

（一）对核心词的理解

圆的空间观念：能根据物体的基本特征在头脑中抽象出圆形，并能通过想象描绘出圆形，理解圆的本质核心特征；能把三维空间的物体用线条描绘在二维平面上，让空间想象得到发展。小学生空间观念的形成与发展主要依靠"视觉"与"触觉"，本课设计了大量的观察和动手操作活动，旨在让学生的空间想象力得到提升。

（二）对这节课教材的解读

本单元是在学生学习了常见的几种简单的几何图形，如三角形、长方形、正方形、平行四边形、梯形以及圆的初步认识的基础上进行教学的。认识圆是学生认识由直线围成的平面图形到认识由曲线围成的平面图形的开始，也是学生空间观念的一次飞跃。

教材首先围绕套圈有无公平性问题进行探究，从而让学生体会圆的优越性及其特征；在此基础上，探究如何画圆，让学生进一步认识圆的特征；在画圆的基础上，让学生明晰组成圆的要素，体会圆心和半径的作用。

教材结合"车轮为什么是圆的"这个生活中的问题引导学生进一步认识圆区别于其他图形的本质特征。教材的设计由具体到抽象层层递进。通过一系列活动使学生认识圆的本质特征，初步形成空间观念，从而不仅加深学生对周围事物的理解，也为学生以后学习圆柱、圆锥等知识打下良好的基础。

（三）对这节课教学的整体构思

1. 重视感知与识别，建立表象

唤醒生活经验，培养空间意识。学习情境是学生深度学习的阵地，创设有价值的生活经验能引起学生思考，使学生产生共鸣。学会观察情境图是最直观的空间认知。本课学习从观察套圈游戏选择场地这一情境入手，讨论游戏的公平性，从而让学生初步感受到圆与其他图形的不同——圆形所具备的优越性，引发学生对圆的探究和思考。

2. 重视理解与创造，建构意蕴

激活学习经验，培养空间观念。在本课中，教材安排了画圆的活动，深入研读教材后发现，要学生画出一个标准的圆，就要让学生在头脑中对圆的特征有一定的了解。为了降低难度，设计了通过辨识"圆、椭圆、偏心圆，这三个图形谁最圆？"这一活动唤醒学生主动运用轴对称图形的旧知，让学生在折一折的活动中，依靠"视觉"与"触觉"，发现折痕和相交点的特征，初步感受圆有定点、定长的特征，为下一步画圆打下基础。

3. 重视推理与联想，建明内涵

在自主创造中建立空间观念。创造工具画圆的活动是在经历了辨别圆、辨识圆后的实操活动，学生在头脑中对圆的本质特征已经有了初步感知，本课在此基础上安排了创造工具画圆的活动。

4. 重视拓展与应用，建类表达

在图形变化中发展空间观念。通过一系列的实操活动，学生已掌握并了解了圆的本质特征，并能用自己的语言描述创造圆的方法及圆的本质特征，并通过画圆的迁移掌握把正方形的场地变为一个公平场地的方法，对圆的本质特征

"一中同长"的理解得以内化，对圆的认识从知识层面上升到文化高度。

二、课堂实践

（一）第一环节：触发

创设情境，引发思考。

师："六一"儿童节学校决定进行游园活动。套圈游戏的活动在操场上进行，一共设计了三个场地（①站在一条直线上，②围成正方形场地，③围成圆形场地），如果是你，你会选择去哪个场地？为什么？不选择另外两个场地的原因是什么？

预设：选择围成圆形的场地，因为每个人都与中间被套的物体距离相等，对每个人都公平；不选择另外两个场地是因为距离有远有近，游戏不公平。

【设计意图】从生活中学生熟悉的情境引入，激发学生的学习兴趣。谈话交流设疑，引发学生思考套圈游戏选择哪个场地更公平，有意识地培养学生的观察能力和推理意识。通过观察和推理让学生初步感受到圆的优越性，对比提问又让学生感受到站成圆形与站成其他图形的不同，调动学生的生活经验，发展学生的空间观念。

（二）第二环节：追究

1. 独立研习，探寻新知

活动一：辨别圆——动静结合，产生空间

出示：正圆、椭圆、偏心圆。

师：我准备了三个图形，你能告诉我哪个最圆吗？

预设：第一个图形最圆；第二个是椭圆；第三个有点圆。

师：那你能说说你是怎么知道的吗？

预设：我是用眼睛看出来的。

师：光凭眼睛看不具说服力，老师给你们准备了这三个图形，你想怎么证明呢？

预设：可以动手折一折，看对折后是否重合，观察折痕和交点。

师：这真是一个好办法，那大家就动手折一折，说一说有什么发现吧！

预设：通过操作发现第一个图形是圆，无论怎么对折都能完全重合。图形中间有一个交点，还有无数条对称轴。

师：你们知道图形中的交点是什么吗？折痕在图形中又是什么？看看书上的介绍吧！（板书：圆心、半径、直径）

【设计意图】通过观察图形找圆，只用眼睛看不足以证明图形是不是圆，再通过动手折一折，观察折痕和交点来判断圆的特征，揭示出圆心、半径和直径。用折一折的活动来验证哪个图形是圆，让学生直观抽象感知圆。同时潜移默化地引导学生，使其明白在数学学习中操作验证是检验结果行之有效的手段。在活动过程中培养学生动手操作的能力、分析问题的意识，使学生能用语言描述分析图形的性质，把握图形的本质特征。

2. 同伴研讨，探究解惑

活动二：画圆——动手动脑，强化空间

师：现在你们会辨认圆了，如果请你画一个标准的圆，你需要考虑哪些问题？

预设：画一个标准圆要找到中心点，而且中心点到圆边上的距离要相等。

师：我给每个小组准备了一些画圆的工具（三支铅笔、橡皮筋、直尺、圆规、线），大家也可以自行创造工具画圆。

师：小组内思考以下问题。你准备怎样画圆？你想到了哪些方法画圆？如果体育老师需要在操场上画一个圆又应该怎样画呢？先独立尝试画一个圆，画好后在组内说一说你用什么画的圆，你是怎么画的圆，这些画法有什么共同点。（师巡视，找出不同的画圆的方法，请生汇报。）

师：说说你是用什么画的圆，怎么画的圆？你创造的工具有什么优势或不足？（学会用圆规画圆，示范用圆规画圆）

师：谁能总结出用圆规画圆的方法？（①定点；②定长；③旋转一周）

师：你们用了这么多工具画圆，它们有什么共同点？

预设：两支铅笔画圆，三支铅笔画圆，系绳画圆，圆规画圆，用直尺画圆，等等。

师：用两支铅笔和线画圆是在定长，其中一支铅笔定点进行画圆；三支铅笔和橡皮筋画圆比两支铅笔画圆更具有稳定性，铅笔与铅笔之间的距离是一定的；用一支笔和一把直尺画圆更是在前两种的基础上发现了画圆的共同点是只要固定圆心，等距离连接就能画出一个比较标准的圆。看来大家在画圆的过程中都有所发现，也找到了画一个标准圆的方法。如果要在操场上画一个圆你会采用哪种方法呢？

预设：可以拿一根绳子，一端固定，拉紧另一端，走一圈就是一个圆。

师：我们发现无论用哪种方法，画圆只要定点，定长，旋转一周就能画出一个比较标准的圆。

3. 团队研述，探索提炼

小结：其实很早以前人们并没有专门画圆的工具，而是像你们一样根据需要自己创造工具来画圆，最后根据创造的这些工具共同的特征发明了圆规这个专门画圆的工具。

师：你能在你画的圆里面找到圆心、半径和直径吗？请用字母表示出来。

师：经历了折圆、创造工具画圆的过程，你能说说还有什么发现吗？（在交流的过程中引出"圆，一周同长也！"）

预设：圆心决定圆的位置；半径和直径决定圆的大小；圆有无数条半径，无数条直径；圆是轴对称图形，它有无数条对称轴；等等。

【设计意图】通过创造工具画圆，进一步感受"一中""同长"，直观感知不同工具画圆背后的相同原理。激发学生将观察、思考、想象、推理、动手操作、表达等有机结合，把圆的认识和圆的运动有机结合在一起，引导学生从动态的角度认识图形。让学生在创造不同工具画圆的过程中，体会到不同的工具体现不同的圆的特点，并且让学生感受圆规的演变过程。在有效的操作活动的过程中，学生发展了创造力，同时通过直观操作、想象理解，发展了空间观念，提升了思维的品质。

（三）第三环节：提升

师：开课时大家都选择了圆形场地进行套圈活动，现在我们再来想一想，如果将正方形场地改良一下，能否使它变成一个公平的场地？你准备怎么做？先独立思考，再在小组内讨论交流。

师：也可以利用你桌上的正方形纸尝试做一做或者画一画。

预设：想办法让中心点到边上的线距离相等就可以了。

师：把正方形四个角上的同学的位置往前挪，使这个正方形场地逐步变成一个圆形场地，这样就变成了一个公平的场地。这个方法你想到了吗？

师：其实生活中圆有广泛的应用。比如，摩天轮、方向盘、电风扇等；在许多国际会议中也有"圆桌会议"这种形式，圆桌寓意平等、开放和包容；中秋节，家人围坐吃月饼，寓意"花好月圆人团圆"。圆的美不止于此。除了刚才的正方形，正五边形、正六边形、正八边形等都和圆有什么样的关系呢？我们一起来观看一段视频。

【设计意图】首尾呼应，回顾学习过程。在体会"一中同长"的同时感受圆之美，寻找生活中圆的广泛应用，提炼圆的丰富内涵。在想象中内化圆的特征，在推理中激发创造的动力，发展空间观念。让学生深入思考，充分发挥空间想象能力、语言表达能力，通过改变正方形来进一步加深学生对圆的本质特征的分析理解。联系生活，把圆的内在美与外在美进行连接，让学生更全面地理解空间、把握空间，将直观与抽象进一步融合，在发展中形成空间观念。

一课一深研

问题一：本节课用到的教学策略

（一）把经验作为展开空间学习的认知基础

小学生空间观念的建立主要来自生活中的观察和操作经验的积累，因此本课用到了生活中的情境图来引发学生思考，帮助学生在建立初步认知的基础上培养和发展空间观念。同时学生在二年级认识正方形时就有动手折一折比一比的经验，以及从边和角的角度来研究正方形的特征的经验，四年级教材涉及图形的分类也是基于图形边和角的特征来进行的。另外，学生还学过轴对称图形，知道怎么用对折来研究轴对称图形。而对圆的研究是可以建立在这些直观操作、数学学习经验之上的。

（二）把观察作为产生空间知觉的触发环节

观察是一种有目的、有顺序、相对持久的视觉活动。借助观察的直观表象进行比较与分析，可以获取对图形形状、大小和位置关系的把握，对图形本质特征的认知，对图形之间联系的理解等。本课以套圈游戏场地哪个更公平引入，让学生通过观察，根据已有经验来进行判断，初步感知圆的特征，建立圆的空间表象，触发对圆的初步感知。在活动一中，教师让学生利用已有知识经验，调动空间直觉来辨别圆，再进行有目的、有计划的动手折一折，观察对折后的结果和对折后的折痕，进一步深入地感受圆的特征。

（三）把操作作为强化空间模型的重要方式

创造工具画圆的这个活动是本节课的重点，学生通过亲自动手操作，亲身体验，充分调动各种器官参与活动，在动手操作与动脑思考相结合、创造力与想象力相结合的过程中加强空间观念，强化空间模型。在教学中组织学生动手折圆，就是借助动手操作，让学生在直观操作中观察圆的对称轴，体会圆区别于其他平面图形的独特之处，初步感受圆的特征。在画圆的操作活动中，先让学生自主选择工具画圆，在比较了几种不同画圆方法的异同点之后让学生更进一步内化和体会圆的特征：定点、定长、旋转一周。除此以外，还让学生感受了圆规产生的过程和必要性，突出了圆规画圆更加规范和完美，所以古语有"无规矩不成方圆"的说法。

（四）把想象作为完善空间结构的关键因素

爱因斯坦说过："想象比知识更重要，因为知识是有限的，而想象力概括了世界的一切。"空间想象是指对客观事物的空间形式进行观察、分析、抽象思维和创新的能力，它是小学生几何学习的重要方式，也是学生发展空间思维、建立空间观念的关键因素。本课的引入情境"比较哪个游戏场地更公平"就是让学生在已有经验的基础之上想象各个图形中投掷点到被套物体的距离关系，在想象中进行判断，再通过课堂的操作、观察学习活动验证自己的想象。圆上任意一点到圆心的距离相等，所以圆形场地公平。前面新知探究的过程是让学生借助实物，通过动手操作、观察抽象出圆的基本特征，实现空间观念（联想）的正向刺激反应。而由完全抽象的数据到具体事物的联想，是对空间观念的高层次培养。

（五）把想象作为完善空间结构的关键因素

"数学是思维的体操"，推理贯穿于数学教学的始终，推理能力的形成和提高需要一个长期的、循序渐进的过程。在探究圆的基本特征时，学生通过操作、观察，推理出圆的直径的长度是圆半径的两倍，圆中有无数条直径和半径。最后环节中通过对正方形场地的改良，由正四边形、正五边形逐步推理出随着正多边形的边数增加，场地形状越来越接近圆，渗透极限思想，通过大胆猜想与合情推理，发展学生空间观念。

问题二：结合空间观念的培养，落实学生对圆的本质特征的认识

本课是在学生学习了直线图形的基础上进行教学的。学生从学习对直线图形的认识到学习对曲线图形的认识，不论是内容本身还是研究问题的方法都有所变化，是学生认识发展的又一次飞跃。本课通过对圆的认识，使学生初步了解了研究曲线图形的基本方法，同时渗透了曲线图形与直线图形的关系。因此，本课通过引导学生的圆的有关知识的学习，不仅加深了学生对周围事物的理解，也为学生以后学习圆柱、圆锥等知识打下良好的基础。

六年级学生对于圆并不陌生，能从身边熟悉的物品中抽象出圆；对圆的特征也有一定的了解。但教学应基于学生，顺应学生的心理发展特征，要设计出生长课堂，就必须找到生长点在哪里。所以本课对学生已有知识经验做了调查，让学生写（或画）出自己对圆的认识。

调查发现，本班学生对圆有一定的认识，认知起点比较高，所以针对圆的本质特征，设计了以下几个环节。

（一）调用已有认知经验判断圆形场地的公平性

空间观念的培养一定是建立在已有知识经验基础之上进行的。基于对学生学情的调查分析，学生是可以通过观察判断出圆形场地更加公平的，因为圆上任意一点到圆心的距离是相等的。这是建立在学生已有知识经验的基础之上的。本课用到了生活中的情境来引发学生思考，在初步认知的基础上培养和发展学生的空间观念。

（二）运用动手操作初步感知圆的内在特征

通过观察图形找圆，只用眼睛看不足以证明图形是不是圆，可以通过动手折一折，观察折痕和交点来判断圆的特征，揭示出圆心、半径和直径。折一折的活动来验证哪个图形是圆，能让学生动静结合地发展空间观念。同时潜移默化地引导学生，使其明白在数学学习中操作验证是检查结果的有效手段。

（三）启用想象力建立圆形的空间表象

通过创造工具画圆，激发学生将观察、思考、想象、推理、动手操作、表达等有机结合，把圆的认识和圆的运动有机结合在一起，引导学生从动态的角度认识图形。学生在创造不同工具画圆的过程中，体会到不同的工具画圆的共同点，直指圆的本质特征。在有效的操作活动的过程中发展了学生的创造力，

同时使学生更好地理解和把握空间观念，更好地发展空间观念。

（四）在解决真实问题中提升空间想象力，强化空间观念

利用引入环节的游戏场地素材，引导学生思考并操作，将正方形改造成圆，在想象中内化圆的特征，在操作中强化空间模型，在推理中激发动力发展空间观念。联系生活中圆的应用，让学生对圆有更多维的认识，在关联变化中发展和强化空间观念。

一课一提升

"圆"来如此

——《圆的认识》研习思考

揭　琳　成都市行知小学校

我接到要上这节课的任务时诚惶诚恐，不是因为胆怯上课，而是没有经历过在这么大的平台代表一个团队去展示一节课。转念一想，人生难得几回搏，有优秀团队和优秀的导师给我做后盾，我也就无所畏惧了。

第一次试讲就迎来了当头一击。本课是六年级的内容，在上课之前我就存在一些担忧，六年级的内容四年级的学生来学习会不会存在很多问题？但考虑到对平面图形学生也是有一定基础并且已经学习和掌握了的，因此在上课之前我没有对学生做任何铺垫，整个课堂都是原生态地呈现，当堂课我是本着怎样设计的就怎样把我的想法上出来的目的进行教学，这样才能针对出现的问题同老师们探讨和交流。

上完课后老师们提出了许多中肯的意见。比如，整节课不能在40分钟内完全呈现，超时将近30分钟。有老师认为三个画圆的操作耽误了太多的时间，特别是第一次用任意方法画圆，纠结画圆方法的多样性导致用时太长；教学设计的程序不合理，应思考什么时候画圆；没有重视学生的自主学习。因此我意识到：学生可以通过自读文本信息来掌握新的知识；本节课的重点应该定在半径为什么相等，理解掌握半径与直径之间的关系；任何一个教学环节都是有教学目的的，不仅有教学目的，还必须为下一个教学环节搭好桥，层层推进、层层深入，如果每个环节都是孤立呈现的，那整节课就肯定是不流畅的。

针对老师们提出的意见和建议，教学程序必须进行优化，确定接下来的修改方向：三次画圆从时间上必须优化，唤醒学生学习经验，使学生产生认知冲突，一环扣一环；教学环节根据教学意图进行修改，开课引入不能调动孩子们学习的积极性，趣味性也不够，需重新设计；学生可以通过自读教材，自学半径、直径和圆心的相关知识；重点加深理解"圆，一中同长也"的内容，结合生活中的圆想办法让学生体会圆的美。

非常感谢杨薪意老师一次次带着我们磨课、试讲、研讨、修改、再磨课、再试讲，感谢小伙伴的协助，最终在杨老师的指导下，我们设计出"辨别圆、辨识圆、创造圆、建构圆"四个教学活动，这节课的雏形得以呈现。

在这个过程中，我上课的思路越来越清晰，对教材的把握与学生的把控也越来越到位，整个教学活动也越来越流畅。在终稿确定后的反思中我写道：看似简单的一节课却让我感受到了不简单，精心设计的教学真的能发挥学生的潜力和创造力。

在经历中成就最美的自己

——《圆的认识》研习思考

黄莉萍 成都市行知小学校

接到任务，有一丝兴奋，有一丝忐忑，更多的是期待。兴奋的是可以去展示自我；忐忑的是能否有满意的教学设计呈现，能否在答辩中准确清晰地表达想法。期待着与同仁的合作，期待着有突破的教学设计，期待着高质量的、能碰撞出思维火花的答辩。

（一）万事开头总是难，幸有团队相谋

当课题确定为《圆的认识》之后，团队第一件事就是分工协作。两位老师负责主题解析、教材分析、课标梳理，两位老师负责同课异构的教学设计以及论坛上报所需的资料填写。分工协作发挥了团队效能，展现了每位老师的特长优势，产生了强大的团队合心力和凝聚力，四位老师以饱满的精神投入对圆的前生今世的研究中。

（二）"千"般曲折总有路，幸有名师相伴

前期工作准备就绪，开启试教试学。杨老师总是不知疲倦地一次次陪着我们试讲，觉得不满意时，她会直接登上讲台为我们做示范。记得揭老师三次试讲都被杨老师否定，正当大家束手无策之际，杨老师又耐心地一个环节一个环节旁批指导，我们赶紧拿出手机把杨老师的指导录下来，回去反复回听，整理出文字稿。

如何设计活动才有层次感？如何提问、追问？如何引导学生进行深度思考？如何回应学生的问题？杨老师说："在教学过程中要做到以核心素养为导向，以生为本，学生学什么、怎么学，我们教什么、怎么教，通过这样的教学能带给学生什么，是否有利于核心素养的养成，是否能够潜移默化、润物细无声，这些都是我们需要思考的。"正是这样从理论到实践事事躬亲，《圆的认识》这节课的教学流程才得以清晰明朗，以至于对方辩友在追问时，提出"为什么第一稿和终稿相差那么大？"的疑问。原因就是杨老师总是鼓励我们先拿出自己的思考方案，再通过比较悟出数学的本质和课堂教学的意义。

（三）百折不挠总有果，幸有同伴相随

从试讲初稿、二稿、三稿到终稿，从准备答辩到从容应辩，整个过程从概念到内涵，从理论到实践，团队一起激情碰撞思维小火花，互相倾听意见，阐述己见。并通过同课异构相互比拼、总结、完善。曾经在准备过程中的疑虑、不惑、挫折、争论，甚至迷茫，都有了清晰的解答，我们在研习的过程中收获成果，更在实践中获得专业成长。

（四）十年树木总有期，幸有自己相守

全国一等奖的背后，不仅仅是一节课，更是团队集体智慧的表现，是对新课标的深入解读，是对学生核心素养培养的深度思考，更是一次次磨课、一次次经历、一次次经验的累积带来专业水平的提升。愿你我在工作室中，不忘初心，肩负传道、授业、解惑之重任，磨砺自身，精进专业，在经历中成就最美的自己。

从"文"到"理"

——《圆的认识》研习思考

何 毅 成都市白果林小学校

　　我是一个从教了25年的语文教师。在20多年的教育生涯中，更多的是从事语文学科相关的教育教学活动。有幸加入"杨薪意名师工作室"，在工作室的活动中，我尝试着学习更多的数学学科的思维。在参与《圆的认识》一课的研讨后，我更新了对教育的认识，丰富了对教师发展和学校发展的理解。

　　数学思维是一种逻辑性强、系统性强、抽象性强的思维方式，对于我们的学习和生活都有着重要的影响。数学思维注重逻辑推理和证明。在解决数学问题时，我们需要从已知条件出发，运用逻辑推理来得出结论。例如，当我们在证明一个定理时，需要依次列出前提和中间推理步骤，并用严密的逻辑将它们联系起来，最终推导出结论。这种逻辑推理的思维方式，不仅帮助我们在数学领域中找到正确的答案，也使我们在其他学科中能够更好地分析问题、推理思考。而这些思考的角度，与语文学科的学习是有区别的。

　　在对《圆的认识》一课的磨课中，团队就非常注重逻辑推理和证明。在对本课进行整体构思时，团队依据杨薪意老师提出的"重视感知与识别，建立表象；重视理解与创造，建构意蕴；重视推理与联想，建明内涵；重视拓展与应用，建类表达"的教学设计理念，以及"三研三探"的活动设计策略，让学生在真实的情境中去发现问题、解决问题。

　　在学校我除了承担语文学科的教学工作，也承担学校的教学管理工作。在工作中，教师的专业发展路径一直是困扰我的一个难题。教师队伍的专业成长是一所学校发展的重中之重，有效的教师专业发展路径将为学校、教师、学生的发展提供有力的保障。在杨薪意名师工作室中，我更加深切地感受到了这一点。

　　在工作室中，团队成员在杨老师的带领下互帮互助、互相促进；年轻教师能得到了杨老师细心的指导。通过各项学习任务的发布与完成，我看到了教师专业成长的有效实践。

六年的时间里，工作室先后培养了正高级教师1名、省特级教师1名、四川省卓越校长工作室领衔人1名、四川省名师工作室领衔人1名、市级学科带头人和区级学科带头人数名；荣获全国大赛团队特等奖4个，一等奖10次、二等奖3次，荣获全国大赛个人特等奖21人次，荣获个人一等奖50人次，荣获个人二等奖16人次。这样的成绩确实是我之前没有想到过的。

在工作室的学习，让我一个"文科生"，学习到了数学思维的逻辑性和严谨性，也让我作为一个管理者学习到了教师发展的有效路径。这些都将是我今后教学生涯中的宝贵财富。

从生活中来到生活中去

——《圆的认识》研习思考

杨春梅　崇州市大划小学校

《圆的认识》是小学阶段从直线到曲线学习的第一课，从学习内容到学习方法都是和以往有所区别的，对学生来说是一次全新的挑战。这就要求教师遵循学生已有的知识体系，从学生已有的生活经验和知识经验出发，让学生在情境中体验、在探究中发现，让学生感受所学知识与日常生活的联系，让数学知识有生活的温度。很有幸在杨薪意名师工作室听到了揭琳老师的《圆的认识》一课。

一节好课绝不是让学生完全有板有眼地配合教师完成预设的教学流程。这节《圆的认识》以真情境、真问题，让学生产生探究学习的真需求。首先，在触发环节，揭老师通过套圈游戏的情境，引导学生思考哪种方式更公平，目的是让学生结合生活中真实经验，观察三块场地，思考它们的特点，从而在比较分析中选出圆形的场地更公平，初步感知圆的特征。并进一步引导学生产生新的疑问：为什么一定是圆形的场地呢？它和其他两块场地究竟哪里不一样呢？从而激发学生探究有关圆的知识的欲望。

在数学中，很多定理、性质的发现堪称奇迹，但这些奇迹的诞生一定离不开现实生活中的某些情境给予的灵感。圆的知识的学习，需要结合学生日益增强的空间观念，用想象、观察、操作的方法相辅相成地发展学生的空间观念。本节课，揭老师改变单一的以讲授式为主的传统教学方式，注重启发式、探究式、参与式的教学方式，有利于学生核心素养的发展。在探究环节，揭老师采用了工作室"三研三探"的活动设计策略，让学生在辨别圆的活动中产生一定的空间感，引起头脑风暴，在折一折、画一画的活动中验证自己的结论；让学生通过动手操作，直观地看到圆的特征，发出"原来这就是圆！"的感叹。

为了强化学生的空间观念，发展学生的动手能力，在画圆环节，揭老师提供了许多材料，让学生尝试用不同的工具画圆，使学生通过实践操作发现不同工具的优势和不足，进一步认识圆的基本特征；让学生经历从直观到抽象的思维转换，发展了学生的空间观念。在大量操作之后，学生对圆有了清晰的认识与理解，认识半径、直径、圆心，一切顺理成章——圆，原来如此！

我知道，我要努力的地方还很多。我相信，在工作室的研修中，我能找到最适合自己的教学风格。我相信，天道酬勤！

参考文献

［1］中华人民共和国教育部.义务教育数学课程标准（2022年版）［S］.北京：北京师范大学出版社，2022.

［2］迟振凤，闫康静.叩问"美"在何处，探寻"一中同长"——"圆的认识"教学实践与思考［J］.小学数学教师，2022（10）：42-47.

第六章

空间观念

空间观念主要是指对空间物体或图形的形状、大小及位置关系的认识。能够根据物体特征抽象出几何图形，根据几何图形想象出所描述的实际物体；想象并表达物体的空间方位和相互之间的位置关系；感知并描述图形的运动和变化规律。空间观念有助于理解现实生活中空间物体的形态与结构，是形成空间想象力的经验基础。

——《义务教育数学课程标准（2022年版）》

在多维视角中培养学生的"空间观念"

——以《观察的范围》为例

杨薪意　学术指导

袁春华　简阳市简城城北小学

黄　敏　四川天府新区华阳小学

严　芹　简阳市实验小学

一课一深思

一、课前思考

（一）对核心词的理解

在本课，学生空间观念的培养主要表现在"在学生熟悉的生活问题情境中，在观察、操作、想象、推理过程中，对现实生活中观察者、障碍物、观察的范围进行空间建构，抽象出能区分盲区、可视区域的视线，从而确定在观察点所能观察到的范围，理解观察范围与观察点、观察角度之间的关系"。

（二）对这节课教材的解读

《观察的范围》一课是小学数学六年级的内容，本课是在确定物体位置、不同位置观察物体等基础上开展教学的，通过引导学生在观察、想象、实践操作中经历将眼睛、视线和观察的范围抽象为点、线和区域的过程，使学生理解观察范围随观察点、观察角度的变化而变化，从而发展学生的空间观念。

本课有小猴爬树和行驶的汽车两个探究活动，引导学生从"俯视""仰视"两个角度来感受观察点及观察角度变化后观察范围的变化。在小猴爬树俯视探究活动中，让学生在确定每个点的观察范围的过程中经历将眼睛、视线、观察范围抽象为点、线、区域的过程，理解观察的范围随着观察者的高度、角度的变化而变化。在行驶的汽车仰视迁移研究活动中，让学生进行观察范围的空间抽象，对比总结观察点与观察范围之间的内在联系，想象内化空间观念。本课练习中的"平视"实践活动，能够培养学生多向思考，提升学生用空间思维解决问题的能力。

（三）对这节课教学的整体构思

1. 重视感知与识别，建立表象

本课以俯视、仰视、平视三个角度的真实情境让学生主动探究。俯视中猴子爬树看桃，唤起学生站得高看得远的生活经验，让学生用数学的知识解释为什么站得高看得远，促进了学生在生活经验的基础上进行空间思考。

2. 重视理解与创造，建构意蕴

本课让学生尝试标画猴子在B，D两点所看到的桃子，这是让学生通过直观观察后进行空间抽象，将视线抽象成直线，并且通过观察者和障碍物最前点的视线将观察的区域分为可视区域和盲区。在这里学生经历将眼睛、视线、观察范围抽象为点、线、区域的过程，建构空间观念。

3. 重视推理与联想，建明内涵

在猴子爬树看桃活动中追问："有没有可能看到墙角边的这个桃子？"激发学生不断想象，体会极限思想，发展对视线及观察区域的空间思维想象力。"在仰视观察活动中，在点1的位置能看到建筑物B吗？"让学生借用已有的点、线、区域知识进行空间建构，并在头脑中"画"关键视线直接进行判断，使学生自主展开想象，并内化形成空间观念。

4. 重视拓展与应用，建类表达

本课设计两个应用练习，活动1是画出小老鼠可以活动的区域，活动2是寻找"消失的红笔"，两个活动旨在进一步强化点、线、区域的空间模型的构建，提升学生用空间思维解决问题的能力，发展学生空间观念，使学生实现基于理解的学习。

二、课堂实践

（一）第一环节：触发

（1）故事情境，唤醒经验激活空间观念。

分享猴子看桃的故事：看看老师给大家带来了什么？闻到香味没？这个香味不仅咱们小朋友抵挡不住，就连花果山的小猴子也都被吸引来了。可是猴子到了桃树前愣住了。（图6-1）

师：它愣啥呢？

生：墙太高，把桃树给挡住了。

这是一个小麻烦。猴子是最聪明的动物，它往周围一望，发现了一棵大树（图6-2）。你猜它会怎么做？

图6-1

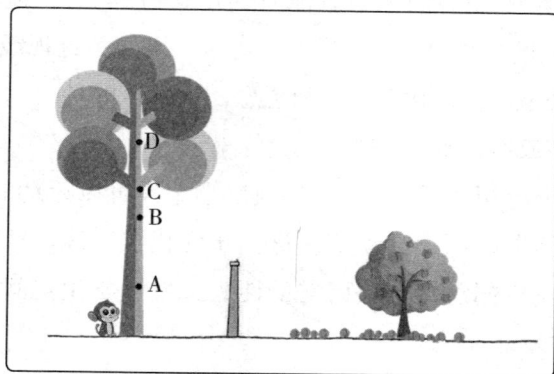

图6-2

生：爬到树上去看。

师：到点A这儿可以看到桃子吗？到点B呢？点C呢？点D呢？

生：A点看不到桃子，B，C，D能看到。

师：B，C，D这些点看得到的桃子，它们有什么不同吗？

生：在D点看到的桃子更多，因为站得高看得远。

（2）引发思考——站得高看得远：这是常见的生活现象，你能用数学的知识解释为什么是这样的吗？

【设计意图】《义务教育数学课程标准（2022年版）》指出：要让学生尝试在真实的情境中发现和提出问题，探索运用几何直观、逻辑推理等分析和解决问题，形成模型意识。在猴子看桃的情境中，学生由生活经验可知视线被墙挡住墙后面的桃子就看不见。"有什么办法能看到桃子呢？"这一问题激活了学生的"站得高看得远"的生活经验。用数学知识解释为什么站得高看得远的追问能促使学生主动在生活经验的基础上进行空间思考，为后续的教学找到了生长点。

（二）第二环节：探究

1. 自主探究，丰富活动建构空间观念

（1）独立研习探索新知。

学生独立标画B，D两点可以观察到哪些范围的桃子。

（2）同伴研讨探究解惑。

在学生独立研习的基础上进行组内交流，探究在B，D两点可以观察到的桃子。在交流中学生相互解惑：要看到桃子就是要把眼睛和桃子连成一条直线，并且这条直线要过墙的最高点。学生在交流中完善自己的思维并找到了在B，D点划分可视区和盲区的视线。

（3）团队研述探索提炼。

团队研述聚焦于以下几点：

① 盲区和可视区的确定。

学生展示交流：视线过观察点B和墙的最高点，可将观察的范围分为可视区和盲区，而这条视线与地面的交点正是可观察到的离墙根最近的点。当用直线来表示视线时，就可以用数学的方法来解释可视区和盲区。（图6-3）

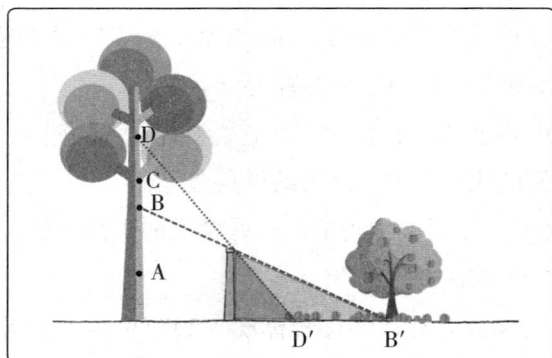

图6-3

② 对比俯视观察中两个点观察的范围异同。

比较每个点观察的盲区，发现从点B到点D的盲区越来越小，也就是看的范围越来越大；比较观察到的离墙最近点，观察点越往上平移，越来越靠近墙，所以站得高看得远；比较的视线与地面的夹角，这个角越来越大，交界点就越靠近墙，视线就越来越<u>直立</u>，盲区越来越小。

在对比中形成共识：俯视观察中观察点移动，观察的角度就会发生变化，观察的范围就随着变化。

③ 能否看到墙角边的桃子。

假如树可以无限长高，猴子继续往上爬，有没有可能看到墙边的桃子？
（图6-4）

图6-4

如果树的高度一定，又有什么办法可以看到墙边的桃子？

【设计意图】《义务教育数学课程标准（2022年版）》指出：学生会用数学思维来思考现实世界，能够探究现实情境所蕴含的数学规律，经历数学"再发现"的过程。探究为什么站得高看得远，是为了增强学生的空间运用意识，让观察触发学生空间知觉，使学生对三维空间思考进行二维平面表达。我们开展"三研三探"教学，让学生在独立研习探究新知中初步形成点、线、区域的空间模型；在同伴研讨、团队研述中经历将眼睛、视线、观察范围抽象为点、线、区域的过程，丰富空间想象力，完善空间建构。

2. 迁移研究，想象内化空间观念

（1）情境：老师每天开车上班经过两栋楼就到学校。今天我带着大家去参观参观，请大家坐在我旁边，准备出发。

（2）下面三个点中哪些点能看到建筑物B（图6-5），哪些不能看到？

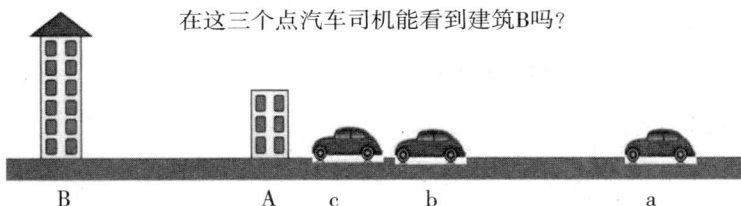

在这三个点汽车司机能看到建筑B吗？

图6-5

在此问题探讨中，学生通过独立研习、同伴研讨、团队研述的学习过程从不同的方面进行分析：一是确定点b处司机的可视区与盲区，二是从建筑B最高点过建筑A最高点的视线确定了能否看到建筑B的分界点，有序思考并确认在三个点是否能看到建筑B。

（3）对比a、b两个观察点观察的范围（图6-6），你有什么发现？

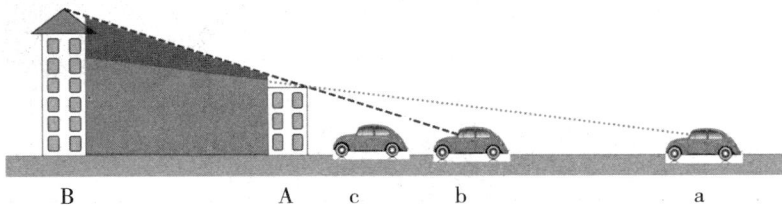

图6-6

学生深入理解仰视观察的范围随着观察点和观察角度的变化而变化。

（4）继续往前平移，会怎样？

生1：肯定会看不到建筑B，有可能建筑A也看不全了。

生2：车顶会挡住视线，建筑A就看不全了。

师：这就是大诗人苏轼提到的"不识庐山真面目，只缘身在此山中"。不仅是低的建筑B会挡住高的建筑A，一支小的笔也可能会让我们看不到A哦。这就类似我们常说的成语：一叶障目、一手遮天。

【设计意图】空间想象力是空间观念的核心，我们着力培养学生空间想象力。针对问题"在点a的位置能看到建筑物B吗？"，学生借用已有的点、线、区域空间建构在头脑中"画"出关键视线进行判断，这是学生自主展开想象，内化形成空间观念的过程。对比总结让学生深刻思考观察点与观察范围之间的内在联系，提升空间想象能力，同时对成语"一叶障目""一手遮天"有了观察范围的数学理解。

（三）第三个环节：提升

1. 变式提升，拓展升华空间观念

（1）画出小老鼠可以活动的区域。

情境：猫和小老鼠是一对冤家，他们整天都在一个追，一个跑的。这天，猫在墙的这面，小老鼠在墙的另一面，小老鼠这次可不想被猫给发现了，它想知道如果猫在那里不动，那么自己在哪些地方是安全的，你能帮它吗？学生思考后展示。（图6-7）

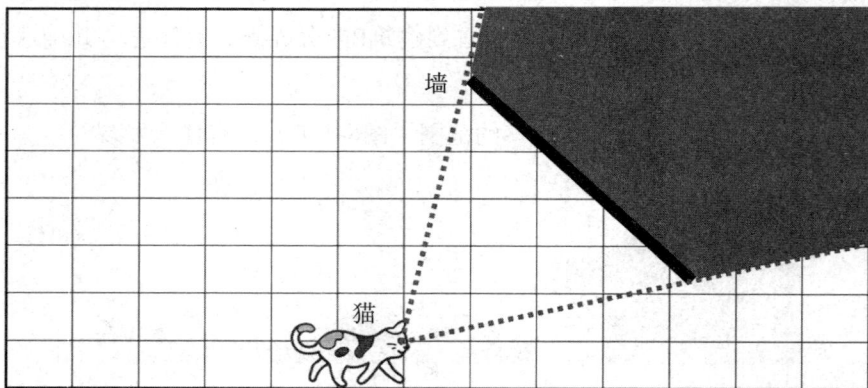

图6-7

在交流中学生发现猫的视线盲区是由从眼睛出发过墙两端的视线来确定的。

追问：如果猫位置发生变化，那么小老鼠在墙另一边的可活动区域会不会变化呢？

【设计意图】通过探究平视中观察的范围，让学生灵活运用所学的观察范围知识，多向思考不同的问题情境，提升学生用空间思维解决问题的能力，使学生空间表象更为丰富。

（2）寻找"消失的红笔"。

老师在教室批改作业常找不到红笔到哪儿去了，你能帮老师找找红笔在哪里？哪个视角可以看到红笔？（图6-8）

图6-8

2. 全课小结

今天我们探究了俯视、仰视、平视的观察范围，同学们和老师一起回顾一下，观察范围是随着什么而变化的呢？

课外研读推荐：日食、月食、形成。

【设计意图】《义务教育数学课程标准（2022年版）》强调让学生通过数学语言来描述日常生活中的空间形式。为什么看不到笔、怎样可以看到笔的情境设置，是进一步强化学生对点、线、区域的空间模型的构建，发展学生空间观念，使学生实现基于理解的学习。在全课小结中与学生共同回顾学习过程，使学生养成"反思质疑"的习惯。

一课一深研

问题一：情境探究在培养学生空间观念时有怎样的递进作用？

教材共设置了两个主题探讨活动，"猴子爬树"是俯视观察，"行驶的汽车"是仰视观察。"猴子爬树"的情境探究主要是帮助学生建构起"观察点的高低会影响观察的范围"的认知；"行驶的汽车"的情境主要是帮助学生感受"观察点的远近会影响观察的范围"。两个情境结合起来，帮助学生最终建构起"观察的范围随着观察角度的变化而变化"的认识。

这两个情境探究，遵循了学生空间观念发展的空间感知、空间表象、空间想象递进层次。在"猴子爬树"的情境中，开展"站得高看得远"的主题探讨。借用视觉直观和动作直观等帮助学生建构起"视线就是一条直线，并且过眼睛和障碍物的最高点形成的这条直线就是可视区和盲区的分界线"的认知，并在学生脑海中形成表象。比较猴子在不同点的观察范围，让学生初步形成"俯视观察中观察点变化，观察的角度就会发生变化，观察的范围也会随着变化"的认知。学生经历将眼睛、视线、观察范围抽象为点、线、区域的过程，初步完善空间建构。

在"行驶的汽车"的情境中，让学生充分利用已经建构起的表象，将直观操作后置于学生的想象、推理等。先让学生判断在点a处能否看到建筑B，然后再比较点a和点b处观察的范围有什么不同，帮助学生构建起仰视观察的范围随着观察点和观察角度的变化而变化的空间认知。通过"从点c处继续往前开，司机观察到的范围又有什么变化？"的问题让学生自主展开想象，内化形成空间观念，最终达成了空间观念培养的终极目标——空间想象。

在本课的练习设计中有平视观察范围的运用。画出断墙后小老鼠可以活动的区域是引导学生思考在平视中如何确定其观察的范围。多向思考不同的问题情景，提升学生用空间思维解决问题的能力，丰富了学生的空间表象。

这三个层次的活动使学生以俯视观察为基础建构抽象出点、线、区域，逐步完善空间建构；在仰视观察中开展抽象与想象，内化建构起"观察的范围随着观察角度的变化而变化"的空间认知，同时培养学生的空间想象力；在平视活动中提升学生用空间思维解决问题的能力，丰富了学生的空间表象。

问题二：这节课如何借助活动培养学生的空间观念？

（一）唤起经验，激活空间储备

通过课前我们对学生观察范围认识的访谈，学生反馈出：能否看见物体取决于我们的视线能否直达物体；站高看得远。这些都是学生进行学习的空间认知经验基础。

基于此，本课教学创设了生活化的故事情境——猴子看桃。"你能用数学的知识来解释为什么站得高就看得远吗？"的追问能促使学生主动在经验认识的基础上进行空间思考。

（二）自主观察，获得空间表象

观察是人们认识世界、获得初步空间观念的主要途径。在本课教学中，把观察作为产生空间知觉的触发环节。

在探讨猴子在B、D两点所能观察到的范围时，学生结合已有的经验认知进行观察思考，尝试标画在B、D两点所能看到的范围。此时学生边观察边调动已有的生活经验，这时的观察是将三维的生活经验转化成二维的空间建构的过程，这里的观察不仅能帮助学生获得空间表象，更能促使学生进行空间思考与对比。

（三）动手操作，强化空间模型

本课的教学把动手操作、合作交流作为强化空间模型的重要方式。

第一个层次是独立操作。学生独立标画B、D两点所能观察到的范围。有的学生以观察点和其中某个桃子为目标画出一条或多条直线；有的学生在图中直接圈出看到的桃子；有的学生把观察点通过墙的最高点画出一条直线。这里学生呈现的是运用已有经验来进行观察视线、区域的思考及表达。

第二个层次是组内思维碰撞。要看到桃子就是要把眼睛和桃子连成一条直线，并且这条直线要高过墙才行。这就为将视线抽象成直线奠定了基础。接着"能看到哪些桃子？"的讨论，帮助学生在观察、操作、交流、内化等活动中经历了观察点、障碍物、视线之间的空间建构过程，认识到视线是可视区和盲区的"分界线"

第三个层次是聚焦核心全班交流：①盲区和可视区的确定；②对比两个点观察的范围的异同，在交流中逐渐形成共识：当我们用直线来表示视线时，发现视线过观察点和墙的最高点，可将观察的范围分为可视区和盲区。这样就完整地帮助学生构建起了点、线、面（区域）的空间表象。

（四）展开想象，完善空间结构

本课的教学把想象作为完善空间结构的关键因素。"有没有可能看到墙角的这个桃子？"的探讨引发学生的极限思考与想象，让学生将基于生活经验的有限空间深入到无限的空间思考与想象，发展他们对视线及观察区域的空间思维和想象力，完善了学生的空间结构。

同时，在仰视观察活动中，对于"在点a的位置能看到建筑物B吗？"的问题学生在头脑中"画"出关键视线直接进行判断，这是学生自主展开想象，内化形成空间观念。

（五）运用推理，发展空间思维

本课的教学把推理作为发展空间思维的主要动力。对看墙边的桃子追问：如果树的高度一定，有什么办法可以看到这个桃子？这就是借用点、线、区域的空间建构来推理解决实际问题。在帮教师找红笔的活动中，学生多向推理，如改变观察点的高度、观察者的位置、障碍物的高度等。学生空间思维能力由此得到了发展。

一课一提升

从儿童的视角出发，同研共进

——《观察的范围》研习思考

袁春华　简阳市简城城北小学

《观察的范围》可谓一节跨学科综合课。当我们反复阅读教材后，我们面临些许疑惑：本课我们是让学生"看图说话"式地从二维的平面来认识，还是从"科学学科"借力"视线"角度来认识？生活中对观察范围的生动理解"站得高就看得远"背后的数学规律是什么？这节课对学生的空间意识和空间观念的培养有着怎样的作用？

带着这些问题，我们从学生视角出发，开启了在"三研三探"中师生同研共进的磨课之路。团队成员问题研讨、同课异构、反思调整，经历了从关注活动设计到关注学生学习，从个体成长到团队共同发展的同研共进之路。

（一）在课堂中蜕变

我们在成都两个中心城区和两个郊县学校进行同课试学试教。并探究同样的教学活动为什么学生参与学习的状态不一样？在第一轮试学试教中我们发现：在俯视活动中，生依次探究A，B，C，D点能观察到的范围，学生没有实现点、线、角度、区域空间的整体空间建构。

共同研讨，聚焦学情——引导学生探究"站得高看得远"的数学规律，在活动中助力学生区分可视区和盲区。在杨老师的指导下，我们就"什么是视线"采访了不同人群，了解大家对视线的理解，同时我们对"视线、视野"的核心概念进行再解读，构建起了"俯视观察""仰视观察""平视观察"三大活动，挖掘学生的认知经验，借用两个直观——视觉直观和动作直观，以及抽象、推理等高阶思维形式帮助学生进行空间建构。当我们的课堂活动从学生学的角度出发，我们就能聚焦学生空间观念的形成，让学生实现基于理解的学习。

（二）在答辩中升华

如果说课堂是聚焦于学生的成长，那么答辩则是教师自我与团队的共成长。在第一次网络答辩之前，我们深度分析教学实践，提炼每个教学活动对于学生核心素养的培养作用。对手的深度追问促使我们更深入地思考我们的教学活动，团队成员优势互补，从儿童视角出发的教学设计理念与课堂呈现效果得到了答辩对手和专家的高度评价。现场答辩更是促使我们从学生深度理解学习的角度去完善自己的教育观，不断形成自己的教学风格。

（三）在引领中共进

在工作室"一课一深思、一课一深研、一课一提升"研修模式的引领下，我也采用同样的方式回到学校进行以学生为中心的校本研修，着力于教师个体的成长，全面开展学前调研，聚焦于学生核心素养养成培养以及"三研三探"课堂教学模式的全面应用，推动了我校校本研修的进阶发展，整体提升了我校教师专业素养，成就了教师，更成就了学生，实现了教师个人和团队的共同成长。

让课堂在打磨中精进

——《观察的范围》研习思考

黄　敏　四川天府新区华阳小学

和工作室团队成员一起参与《观察的范围》的设计、打磨、答辩，对我来说是一次重要历练。这里主要从两方面谈谈我自身在完成此次课例后的重要收获。

（一）核心素养是做好教学设计的指向

在进行教学设计的过程中，核心素养是最重要的指向。为此，我们需要结合教学内容，解读清楚本课例指向的核心素养。在《观察的范围》一课中，我们紧紧抓住"空间观念"这一核心素养。通过对课标的深入解读，我们认为空间观念的形成包括由低到高的三个层次：空间感知、空间表象、空间想象。空间感知是基础，空间表象承上启下，空间想象是发展。

同时，在工作室领衔人杨薪意老师的指导下，我们提炼出培养小学生空间观念的五大教学路径：把经验作为展开空间教学的认知基础，把观察作为产生空间知觉的触发环节，把操作作为强化空间模型的重要方式，把想象作为完善空间结构的关键因素，把推理作为发展空间思维的主要动力。这五个环节相互依托，最终促成学生空间观念的形成。

（二）指向学习目标的学习任务是教学设计的核心

在厘清本课教学所指向的核心素养后，需要充分对学生的学情现状进行分析，主要包括分析学生的学习兴趣点、疑难点、困惑点等；还需要对学习内容的知识本质、知识来源、知识的价值等进行深入分析，并在核心素养的指引下设计好课时学习目标；同时，以学习目标为引领设计学习任务。这也是我在本次课例研究过程中最大的收获。要让核心素养真正落地，让课堂教学真正走向深度学习，达成其育人价值，就一定要重点思考学生的学习活动如何指向学习目标的达成以及如何让学生活动成为学生深度学习的抓手。为此，在本次课例设计过程中，从一稿到二稿到三稿……我们持续聚焦学生活动设计，不断对其进行优化和完善，让学习在课堂上真实发生。

以上这两点最重要的收获成为我在教育教学中的一笔财富，不断指引着我深耕课堂，改进日常教学，为让学习在课堂真实发生不断努力。

感知中猜测，操作中实践，理解中构建

——《观察的范围》研习思考

严　芹　简阳市实验小学

培养学生的空间观念是提升学生空间想象能力和创新意识的重要途径，为了使整堂课更切合实际，更符合学生学情，团队伙伴认真研读课程标准、钻研教材、精心设计教学过程。整个教学过程中，学生经历了感知—操作—理解的过程。

（一）感知中猜测

通过本堂课的课前调研我们发现，学生认为"我们看到就是视线"，有的学生还会解释视线是直的不能拐弯。正是基于这样的生活经验，学生能够在初次感知时大胆地说出自己的想法。在课堂教学时，我们发现学生在具体情景中，能够把自己想象成情景中的事物这说明学生已经具备了一定水平的空间想象能力。

（二）操作中实践

学生在初步的感知中有了一定的想法，为了让学生有切实的感受，在课堂教学时我们给学生时间，让他们动手操作，使其在探索中感悟，在感悟中发现，在发现中创新。通过操作，学生能将眼睛抽象成数学中的"点"，视线抽象为数学中的"线"，观察的范围抽象成数学中的"区域"，将原本抽象的知识形象化、直观化。找到观察点，画出"视线"，顺利找到通过障碍物的观察范围。总结出可视区域和盲区的概念，通过可视区域或者盲区的比较，领会到观察范围的大小随着观察角度、观察点的变化而变化。

（三）理解中构建

通过点、线、面（区域）的分析，学生有了自己的理解。在教学中，利用学生交流这一手段让学生用精练的数学语言把自己的理解表达得清晰、准确、简洁。学生在活跃的学习氛围中对数学知识进行更好的理解，并且获得更多来自同伴的学习互助。在课堂教学中，让我们意想不到的是学生提出了极限思想：从俯视到90°直线观察有什么不同。学生不仅解决了当堂课的问题，还有所思考，这样便是深层次的学习。

整堂课我们不仅要发展学生的空间观念，还要培养学生用数学的眼光观察现实生活的意识。通过创设活动情境，让学生动手操作，激发学生的学习兴趣，让数学知识贴近学生的生活实际；同时加强对学生的思维训练，培养学生的探究能力和创新意识，以此来培养和提高学生的数学核心素养。

一堂课、一群人的互相配合，不仅使学生获得了成长，而且使教师体会到了合作的快乐。教师在磨课的过程中提升了自己的课堂教学水平，教学之路越走越宽，越走越远！

参考文献

［1］中华人民共和国教育部.义务教育数学课程标准（2022年版）［S］.北京：北京师范大学出版社，2022.

［2］黄传球.空间内涵的现代之思——评《理解空间：20世纪空间观念的激变》［J］.中国教育学刊，2023（5）：149.

［3］王莹.小学生数学空间观念的培育策略［J］.数学教学通讯，2023（13）：73-75.

［4］何艳英.化静为动，巧妙呈现，培育空间观念［J］.数学教学通讯，2023（13）：76-77，88.

［5］高旭君.实践，促进空间观念的建构——以北师大版六上"观察的范围"为例［J］.小学数学教师，2020（2）：70-73.

［6］王超园.在抽象和联系中，发展空间观念——以《观察的范围》一课为例［J］.数学教学通讯，2018（34）：19-20，34.

第七章

推理意识

推理意识主要是指对逻辑推理过程及其意义的初步感悟。知道可以从一些事实和命题出发，依据规则推出其他命题或结论；能够通过简单的归纳或类比，猜想或发现一些初步的结论；通过法则运用，体验数学从一般到特殊的论证过程；对自己及他人的问题解决过程给出合理解释。推理意识有助于养成讲道理、有条理的思维习惯，增强交流能力，是形成推理能力的经验基础。

——《义务教育数学课程标准（2022年版）》

在归纳类比中培养学生的推理意识

——以《表格里的玄机》为例

杨薪意　学术指导

郝晓丽　荣县树人小学校

赖　明　荣县树人小学校

王　珊　荣县树人小学校

刘校丽　荣县树人小学校

一课一深思

一、课前思考

（一）对核心词的理解

本节课以列表法为主，通过比较，根据假设的数量与已知数量的差来调整、修改假设，得到符合条件的结果，让学生经历"假设—比较—调整"的完整推理过程，培养学生的推理意识。

（二）对这节课教材的解读

针对"鸡兔同笼"问题，假设法是很多学生认可的解题方法，但是很多学生对假设法的理解其实并不深刻。本节课旨在利用列表法让学生对假设法的理解变得更深刻，同时让学生感受到用列表法发现规律、表达规律、利用规律的妙处。

1. 在列举中拉开推理序幕

逐一列举的方法经常被学生嫌弃，学生往往觉得它麻烦，甚至"笨笨的"。学生之所以有这样的感受，是因为学生只把列举当成探寻结果的方法。相较于列表法探寻结果，我们更应该让学生有意识地去关注在有序列举中逐渐呈现的规律，并引导学生从这些规律出发，找到解决问题的方法。

2. 在活动中发展推理意识

逐一列举让学生发现了规律，此时再利用规律，通过计算、比较，确定调整的方向，从而很快得出答案。让学生经历这样的推理过程，积累这样的数学探索活动经验，能够发展学生的数感和推理意识。

3. 在关联中促进思维进阶

在列举中，假设结果与实际结果往往存在差异，这时，学生自然将存在差异的原因与结果关联起来，由刚开始的"逐步调整"，到最后的"一步调整"，思维活动直抵问题的本质，发展了高阶思维。

（三）对这节课教学的整体构思

1. 重视感知与识别，建立表象

先让学生把满足条件的鸡、兔所有情况逐一列举，让学生建立初步感知，感受逐一列举后逐渐清晰的规律，感受逐一列举、有序思考是数学推理的开端。

2. 重视理解与创造，建构意蕴

在列举中，逐步引发学生进行创造性的发现与思考，让学生在利用规律调整的过程中，一步步地进行方法的优化与提升，实现从合情假设到合情推理的过渡，培养学生的推理意识，为学生形成推理能力打下经验基础。

3. 重视推理与联想，建明内涵

将两种极端情况的列举与两种假设进行对比，发现方法间的共性关联，让学生对假设法的理解更深刻，同时感受列表法使规律更明显、思维更直观、理解更容易，体会列表推理的价值。

4. 重视拓展与应用，建类表达

让学生通过课后应用与拓展，进一步积累解决问题的经验，同时让学生学会多视角、多维度、多层次地思考问题和解决问题，培养学生的应用意识和模型意识。

二、课堂实践

（一）第一环节：触发

师：早在一千五百年前，我国古代数学家就已经对鸡兔同笼问题进行了研究，有一本数学著作叫《孙子算经》，当中就记载了这么一道题：（课件显示）今有鸡兔同笼，上有三十五头，下有九十四足，问鸡兔各几何？

师：这道题的意思是笼子里有若干只鸡和兔，从上面数有35个头，从下面数有94只脚，鸡和兔各有多少只？鸡兔同笼问题流传至今，这节课我们就来共同研究它独特的思维方式。

【设计意图】从我国古代数学趣题直接导入，让学生感受到我国数学历史文化的悠久与魅力，增强学生的民族自豪感，激发学生的探究欲望。

（二）第二环节：探究

1. 独立研习，探寻新知

师：为了方便研究，我们先从小数据开始，这种方法叫化繁为简。

出示例1：笼子里有若干只鸡和兔。从上面数，有10个头，从下面数，有28只脚，问鸡和兔各有几只？

（1）分析并理解题意：

① 有10个头，也就是说鸡和兔一共有10只。

② 有28只脚，就是说鸡脚和兔脚总数一共是28只。

③ 问题是什么？（鸡和兔各有多少只？）

师：除了这些信息外，你还能知道什么？

生：一只鸡2只脚，一只兔4只脚。

师：是的，这些隐藏的数学信息，对于我们解决问题有很大帮助。

【设计意图】"鸡兔同笼"问题原题数据比较大，不利于用列表法进行探究。因此把原题的数量变小，先从简单问题入手，探索出此类问题普遍存在的规律，再解决复杂问题，让学生初步感受数学中"化繁为简"的思想。

（2）尝试用不同的方法来解决问题。

① 假设法。

生1：

假设全是鸡，
$2 \times 10 = 20$（只）
$28 - 20 = 8$（只）
$4 - 2 = 2$（只）
兔：$8 \div 2 = 4$（只）

生2：

假设全是兔，
$4 \times 10 = 40$（只）
$40 - 28 = 12$（只）
$4 - 2 = 2$（只）
鸡：$12 \div 2 = 6$（只）

师：同学们用的假设法是一种非常好的方法。老师也有一种方法。（出示表格）

② 列表法。

师：要保证有10个头，猜一猜可能有几只鸡和几只兔呢？

生：可能鸡有8只，兔有2只，也可能鸡有9只，兔有1只……

师：这么多猜测，有什么好方法可以将它们直观地展现出来，而且不重复也不遗漏呢？

生：有顺序地列举。我们可以从10只鸡，0只兔开始逐一列举；接下来就是9只鸡，1只兔……以此类推。当然也可以反过来从0只鸡，10只兔开始逐一列举。

师：好办法。这种方法我们叫有序列举（板书：有序列举）。数学中的许多推理往往就是从逐一列举、有序思考开始的。

师：10只鸡，0只兔，这时脚的只数就是……

生：10只鸡，脚就是$10 \times 2 = 20$只。脚的总只数=鸡的只数$\times 2$+兔的只数$\times 4$。

师：是的，请同学们继续列举下去，把列举的过程记录在表里（学生在学习单上独立完成）。

师巡视，出示具有代表性的学生作品。

师：这张表格为什么只列举到6只鸡，4只兔就不列举了？

生：已经找到答案了就不需要往下列举了。

生质疑：万一后面还出现腿数28只呢？

生：不会，因为脚数和的变化规律是2条、2条地增加或减少，不可能再出现28了。

师：有的同学已经把符合头数的所有情况都列举出来了。"腿数28只"出现了几次？

生：只有一次。

师：这个结果和刚才同学的猜想一样。

生：如果数量大，列表法会很烦琐，要列举很多次。

师：有道理，如果数据很大，这样的方法就很麻烦。那用列表法解决问题有没有优化的方法呢？

【设计意图】新课标在"推理意识"的内涵中提出："可以从一些事实和命题出发，依据规则推出其他命题或结论；能够通过简单的归纳或类比，猜想或发现一些初步的结论。"因此在教学中，不仅要让学生学会解决问题，更要让学生有意识地关注逐一列举后逐渐清晰的规律，感受逐一列举、有序思考是数学推理的开端。

2. 同伴研讨，探究解惑

生：表格里的数据是有规律的。我们发现从左往右，鸡的只数依次少1只，兔的只数依次增加1只，脚的只数依次增加2只。

师：为什么会出现这样的规律呢？

生1：鸡、兔的总只数没变，鸡的只数减少几只，兔的只数就要增加相应的几只。

生2：脚的只数依次增加2只，原因是每减少1只鸡就少了2只脚，同时又要增加1只兔，就增加了4只脚，所以脚的总只数就增加4−2=2只。（图7−1）

鸡（只）	10	9	8	7	6	5	4	3	2	1	0
兔（只）	0	1	2	3	4	5	6	7	8	9	10
脚（只）	20	22	24	26	28	30	32	34	36	38	40

图7−1

师：如果从右往左看，又发生了怎样的变化？

生：每增加一只鸡，就减少一只兔，并减少2只脚。因为每增加1只鸡就多了2只脚，同时又要减少1只兔，就减少了4只脚，所以脚的总只数就减少4−2=2只。

师：谁还能把这些规律再概括一下？

生：在鸡、兔的总只数不变的情况下，每增加1只兔，则减少一只鸡，脚也要增加2只；反之，每减少1只兔，则增加一只鸡，脚的只数也要减少2只。

师：既然规律找到了，那我们可不可以根据脚的只数，去调整鸡和兔的只数呢？想想看。

师：如果脚要减少6只怎么办？

生：减少3只兔，增加3只鸡。因为每减少1只兔，增加1只鸡，脚就减少2只，那要减少6只脚就要减少3只兔，增加3只鸡。

师：也就是用6÷2=3（只），是吧？

师：如果脚的只数增加10，20……又该怎样调整呢？

共识：我们可以通过脚的只数，去调整鸡和兔的只数。脚多了，就减少兔，增加鸡；脚少了，就增加兔，减少鸡。增加（减少）兔或鸡的只数，只需要拿增加（减少）的脚的只数除以2。

师：既然这样，你能不能利用这个规律快速调整出正确结果呢？比如，从1只鸡，9只兔，共有38只脚这组列举开始，怎样利用规律一次性调整到题目中的28只呢？（图7-2）

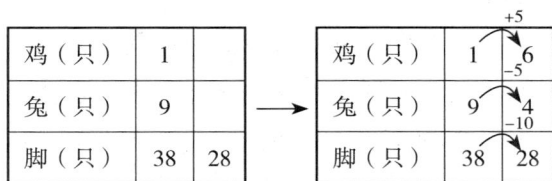

图7-2

生独立思考并调整，再汇报。

生：题目中的要求是28只，而我们列举的结果是38只，就要减少10只脚，那么就要减少10÷2=5只兔，兔就有9-5=4只；同时，鸡就要增加5只，就是1+5=6只。

师：现在，每个同学都来试一试。任意选择其中的一次列举，看你能不能利用规律进行调整很快找到正确结果，来吧，试一试！

学生组内汇报后，师选择两种极端列举全班分享。

生1：鸡列举成10只，兔0只，脚的只数就是20只，与要求28只脚相比，脚少了8只，利用规律，就要增加8÷2=4只兔，同时减少4只鸡。

生2：把兔的只数列举为10只，鸡为0只，脚的只数就是40只，与答案28只脚相比，多了12只脚，就应该减少12÷2=6只兔，同时增加6只鸡。（图7-3）

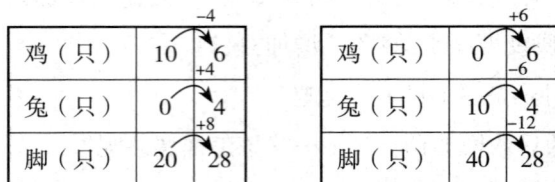

鸡（只）	10	6		鸡（只）	0	6
兔（只）	0	4		兔（只）	10	4
脚（只）	20	28		脚（只）	40	28

（左表箭头标注 −4、+4、+8；右表箭头标注 +6、−6、−12）

图7-3

师：现在你觉得列表法怎么样？

生：简单多了，很快就能找到答案。

师：看来，我们只要找到表格里的规律，再利用规律，最后进行分析调整，即使是用列表法来解决问题，也是有捷径可寻的。

【设计意图】新课标在第二学段目标中提出："经历独立思考并与他人合作交流解决问题的过程，会用常见的数量关系和其他学科的知识与方法解决问题，能初步判断结果的合理性。"这个环节，学生在独立思考并与他人合作交流的过程中重新认识列表法，经历用列表"假设—比较—调整"的推理全过程，感受有序列举在数学推理中的重要作用，这也是本课教学核心价值的体现。

3. 团队研述，探索提炼

师：对比假设法和列表法，你发现了什么？（图7-4）

假设全是鸡：
$2 \times 10 = 20$（只）
$28 - 20 = 8$（只）
$4 - 2 = 2$（只）
兔：$8 \div 2 = 4$（只）
鸡：$10 - 4 = 6$（只）

假设全是兔：
$4 \times 10 = 40$（只）
$40 - 28 = 12$（只）
$4 - 2 = 2$（只）
鸡：$12 \div 2 = 6$（只）
兔：$10 - 6 = 4$（只）

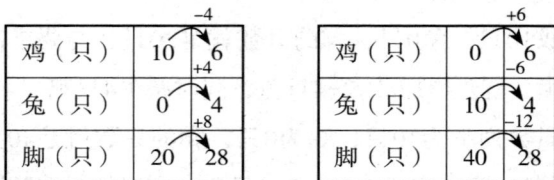

鸡（只）	10	6		鸡（只）	0	6
兔（只）	0	4		兔（只）	10	4
脚（只）	20	28		脚（只）	40	28

（左表箭头标注 −4、+4、+8；右表箭头标注 +6、−6、−12）

图7-4

生1：列举和假设思路是一样的。当表格中鸡为10时，相当于假设全部是鸡，那么就有10×2=20只脚，这样与条件28只比，就要增加28−20=8只脚，每增加1只兔，减少1只鸡就增加了4−2=2只脚，所以就要增加8÷2=4只兔，同时减少4只鸡，鸡就有10−4=6只。

生2：当表格中鸡为0时，相当于假设全部是兔，那么就有10×4=40只脚，这样与条件28只比，就要减少40−28=12只脚，每减少1只兔，增加1只鸡，减少了4−2=2只脚，就要增加12÷2=6只鸡，同时要减少6只兔，兔就有10−6=4只。

共识：不管是列表法还是假设法，都是要经过"假设—比较—调整"的推理过程。

【设计意图】新课标在培养学生核心素养中指出："通过数学的思维，可以揭示客观事物的本质属性，建立数学对象之间、数学与现实世界之间的逻辑联系。"此环节让学生进行两种极端情况的列举与两种假设对比，发现方法间的共性关联，让学生对假设法的理解更深刻，同时感受列表法使规律更明显，思维更直观，理解更容易，体会列表推理的价值。

（三）第三环节：提升

师：现在再来看看刚才那道古代趣题，数字变大了，规律变了吗？你能不能采用刚才的方法来解决这个问题呢？

学生先独立完成后，再相互评议。

共识：列表法不仅仅限定于解决鸡兔同笼问题，它是数学上常用的一种解决问题的方法。通过有序列表，很多繁难问题都可以迎刃而解。

【设计意图】新课标在"应用意识"的内涵中指出："应用意识有助于用学过的知识和方法解决简单的实际问题，养成理论联系实际的习惯，发展实践能力。"这个环节让学生通过应用与拓展，进一步积累解决问题的经验，增强解决问题的策略意识；同时让学生意识到列表法不仅限于解决"鸡兔同笼"问题；还可以运用到很多的问题解决中去，让学生能善用列举法，能多视角、多维度、多层次地思考问题和解决问题，培养学生的应用意识。

一课一深研

问题一： 如何利用列表法解决问题，发展学生的推理意识？

列表法非常强调有序思考的解题方法，即根据表格中的信息抓住关键寻找突破口，确定第一个数，再依此推出结论。但是如果把列表法只作为一种寻找答案的方法，那么当数据变大时这种方法就不管用了，这也是学生觉得列表法麻烦、低级的原因。所以在教学时我们应该让学生有意识地关注在列举过程中逐渐呈现的规律，然后从规律出发，找到解决问题的方法。

在本节课中，学生在教师的适当启发下，用列表的策略，在排除、猜测等活动中自主尝试和不断调整，经历列表"假设—比较—调整"的推理全过程。学生在潜移默化中不但感悟了推理思想，培养了推理能力，而且积累了一些推理经验，还能深刻体会到列表推理的价值。

总之，列表法是一种解决问题的方法，它通过列表"假设—比较—调整"来解决问题，可以帮助我们更加全面、系统地考虑问题，寻找最佳的解决方案，并在此过程中培养学生的推理能力，发展学生的推理意识。

问题二： 列表法、假设法、图示法等方法之间是否有本质的联系？

用假设法来解决"鸡兔同笼"问题，通常假设全是鸡或者全是兔（也可以任意假设一组答案），然后再通过计算总脚数，与已知条件比较，再调整，找到答案。

用列表法解决鸡兔同笼问题，不管从几只兔、几只鸡开始列举，其实都是从"假设"开始，再根据"假设脚数与已知脚数的差"来调整、修改，得到正确答案。

由此可见，假设法和列表法其思维主线都要经历"假设—比较—调整"的过程，这两种方法思维本质上是一样的。同样，用画图法解决鸡兔同笼问题时，为什么要先将头全部画出来，然后每个头下面画2条腿或者4条腿，最后再根据"假设脚数与已知脚数的差"来调整呢？其本质还是相当于假设全部是鸡或兔然后再调整。

问题三：能否借助列表法帮助学生对假设法进行"真正意义"的理解？

在解决"鸡兔同笼"问题的诸多方法中，大部分学生觉得假设法好，然而在实际教学中我们发现，假设法也是学生最难理解的一种方法，对学生的思维能力要求很高。要突破用假设法解决"鸡兔同笼"问题的难点，就要让学生在知识生长的起点上促进内化，而列表法正是这个起点。这是因为列表法使规律更明显，思维更直观，学生更容易理解，而且这两种方法，其数学本质都在先满足头数之和这一条件，再通过比较、调整来满足另一个条件——脚数之和。所以将列表法和假设法联系起来，以列表法促进对假设法算理的理解，必然有利于真正意义上的理解假设法。

1. 逐一列举，建立表象

列表法本身可以作为一种解决"鸡兔同笼"问题的方法，更是得出假设法的重要依据与理论基础。在有序列举的过程中，"先假设满足一个条件，再分析调整直到满足第二个条件"成为全体学生的共识和自觉行为。这也将为用假设法解决"鸡兔同笼"问题做好学习铺垫，从而揭开推理的序幕。

2. 仔细观察，逐渐抽象

仔细观察，逐渐抽象是解决问题的切入点。由此让学生思考：可否根据脚的只数，去调整鸡和兔的只数？学生先满足头数和，再通过比较、调整来满足另一个条件——脚数之和。这个过程正是用假设法解决问题的生长过程，为假设法的理解和建构提供了思维支撑。

3. 建立联系，突破难点

假设全是鸡或全是兔，第一步"假设"并不难，难的是假设之后的推理过程：为什么用多或少的脚数去除以2？除出来的数量为什么是另一种动物的数量，而不是假设的动物的数量呢？列表法中的两种极端列举（鸡10只，兔0只或鸡0只，兔10只）的调整过程，很好地为学生做了诠释：用多或少的脚数除以调整的标准2，得出来调整了多少次，即多少只鸡换成了兔，或者多少只兔换成了鸡，以此让学生对假设法的本质理解得更加深刻。

一课一提升

"授人以渔"，让学生经历知识形成的全过程

——《表格里的玄机》研习思考

郝晓丽　荣县树人小学校

"鸡兔同笼"是"数学广角"的内容，教材中呈现了列表法与假设法两种解法。列表法便于渗透枚举试探的方法；假设法则便于渗透数学推理。

在第一次磨课的时候，我也像很多教师一样，把假设法作为重点教学。但在上课时发现，好多学生对假设法难以理解；对于列表法，学生又觉得它麻烦、低级，是一种"笨方法"，尤其是当数据变大时列表法就不管用了。所以本课的第一次的磨课，由于我对学情了解不够、对教材解读不深入而在学生似懂非懂的状态下结束了。

课后，我们磨课小组的成员对我校四年级学生解决"鸡兔同笼"问题的情况进行了摸底，发现很多学生已从奥数课本或我们学校的数学校本课程中接触过"鸡兔同笼"问题，他们采用的方法基本是假设法，根据前测，得出学生学习用假设法解决"鸡兔同笼"问题的情况大致分为以下几种（图7-5）。

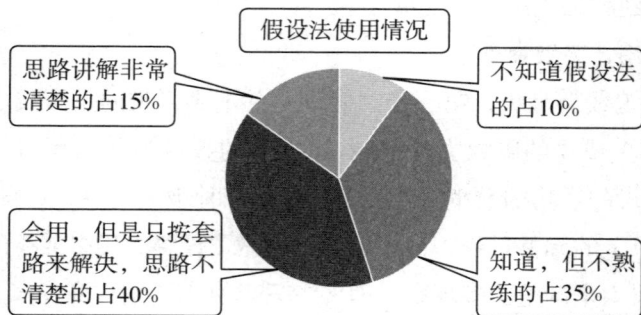

图7-5

　　于是，我们陷入了思考：列表法和假设法本质上有没有联系？能否用列表法抽象出假设法，让学生对假设法的理解更深刻？通过翻阅资料，我们确定了这节课的目标和思路：①以"鸡兔同笼"问题为载体，让学生理解、掌握列表法；并沟通列表法和假设法之间的联系，让学生对假设法的理解更深刻，体会列表法推理的价值。②通过列表（假设）、比较、调整让学生经历完整的推理过程，培养学生的推理意识。③让学生感受古代数学问题的趣味性，增强民族自豪感，进一步积累解决问题的经验，增强解决问题的策略意识，养成讲道理、有条理的思维习惯。正因为有了这个载体，学生才能轻松运用假设法来解答，在实现知识进阶的同时，体现核心素养的进阶。

　　所以，我们教师在确立教学目标时，应从知识的数学本质上去多想想，真正意义上让学生经历可接受的知识产生与发展的过程，与学生一起感悟与融会贯通；从"授人以渔"的角度去多想想，我们需要传递的不仅仅是答案，还有站位与思维。我们引导与设问时，要多想想，怎样打开学生的眼界与思维。在实践与反思时，我们要多想想，既要给学生充分实践的时间，也要有放下笔回顾思考、自我提炼总结的时间。这样才能在学生学习和实践的过程中渗透素养的培养。

精确定位目标，找准素养落脚点

——《表格里的玄机》研习思考

刘校丽　荣县树人小学校

　　2022年新版课标明确提出要坚决执行"双减"这一决策部署，将"减负增效提质"作为重要目标。在这样的背景下，上有质量的课，让每个学生在每节课上都能学有所获显得尤为重要。

（一）读懂教材，明确编排意图

　　教材为教师授课提供了参考依据和课程资源。因此，磨教材的第一步，首先就是要对教材的体系架构进行分析和理解，把握教材的编写特点及架构，寻找课标和学科核心素养在教材中的落脚点，从而找到三者之间的衔接之处。基于以上研究，《表格里的玄机》一课以"鸡兔同笼"问题为载体，从逐一列举开始，让学生在列表、比较、调整中发展推理意识，并将列表法和假设法进行关联，让学生对假设法的理解也更深刻。读懂教材，不能仅仅着眼于单一教学内容，而应该打开格局，纵观整个知识体系，明确一堂课的地位与作用、前后联系、内容要求、学科本质等。在此基础上，对不同版本的教材进行多视角的横向比较，发现不同版本教材编排思路的异同，为教学设计和教学开展提供多元视角，以此取长补短，丰富知识的形成过程。

（二）读懂学生，确定教学起点

在"鸡兔同笼"的教学中，我们通过前测找准学生的认知起点：初步了解假设法。在此基础上，我们确定学生知识的增长点：假设法本质的理解。这样真实且深入的学情分析，是这一节课取得成功的关键。而在实际教学中，我们往往是从教师的角度猜测学生的起点盲目开展教学。没有真实学情分析的教学策略，往往是教师一厢情愿的自我表演，因为没有了解学生真实知识经验基础，任何活动都可能难以落实。因此，深入了解学情，准确把握学生的现在发展区、找准最近发展区是一节课是否能让学生学有所获的关键。

（三）定位目标，明确素养落脚点

教学目标是课堂教学的出发点和归宿，也是课堂教学的灵魂，它对学生的课堂发展起着调整和控制作用，并最终决定和支配学生发展方向。在实际教学中，我们在确定教学目标时既想抓知识、能力，又想重思想、素养，然而一节课的时长有限，终难两全。在这次磨课中，我感受到一节课无法包罗万象，与其"遍地开花"、浅尝辄止，还不如深入发展一到两个核心素养。定位好了核心素养的落脚点，那么所有的教学活动就都要为素养的发展服务。

将示范课的经验推广到常态课，我认为在日常教学前，我们应该做到"心中有数"，即通过这个教学内容，我们需要学生掌握怎样的基础知识和基本技能，从而发展怎样的核心素养？这样的课才是一节有质量的课，才能让学生在每一节课中学有所获。

精心设问，促进学生高阶思维的发展

——《表格里的玄机》研习思考

王 珊 荣县树人小学校

《表格里的玄机》一课，从开始准备到上课，只有一周多时间，在这一周多的磨课时间里，大到课的思路，小到一句话，一次次修改，一遍遍斟酌，让我这个入职不到5年的年轻教师受益匪浅，收获了成长。尤其是老师们在问题设计中关注的核心问题、启发性问题、连续性问题等，大幅提升了课堂教学的有效性，给了我很大的启发。

（一）以问启知，发展思维

学生尝试列表解决"鸡兔同笼"问题时，往往是无序的，这样不利于学生发现鸡兔只数与脚总数的变化规律，就更没有后面的"比较"与"调整"。所以，基于学生的各种猜测，教师提出问题："对于这么多猜测，有什么好方法可以将它们直观地展现出来，而且不重复也不遗漏呢？"这唤醒了学生已有的学习经验，学生自然会想到有序列举，而逐一列举，有序思考也是解决该问题的关键。这样列表就不仅是为了寻找答案，更重要的是渗透数学思想方法。

（二）追问促思，多维思考

有价值的引导与设问可以让教学事半功倍，打开学生的眼界与思维。在本节课中，教师巧设核心问题，促进学生思维的进阶。"表格里有什么样的规律呢？为什么会出现这样的规律？"这一问题引导学生找寻表格数据间的联系，有意识地关注逐一列举后逐渐清晰的规律。继续追问"鸡减少3只，兔增加3只，那脚的只数会发生什么变化？""鸡增加4只，兔减少4只，脚的只数怎样变化？""你能否根据脚的只数，调整鸡、兔的只数？"一个又一个精心设计的问题，让学生思考更深入，思想更深刻。不仅让学生学会了解决问题，更让学生抓住了解题思路的核心，从而学会思考，思维得到更高阶的发展。

（三）对比明理，扣"问"精"点"

利用对比假设问题情境，有利于学生从多角度、多维度去思考问题和解决问题，从而对问题进行创造性的思考和发现。"对比两种假设和两次极端列举，你发现了什么？"在教学过程中，教师针对两种假设和两种极端列表进行对比，打开了学生的思维，让学生在列表法的基础上理解假设法，这样列表法就变成了学生分析解决问题的工具，成了发展学生思维能力的载体。正因为有了这个载体，学生才能轻松运用假设来解答问题。

有层次性和逻辑性的设问，有利于帮助培育学生良好的逻辑思考能力；有利于激发学生思维的主动性，使学生循序渐进地学会各种知识点；有利于学生建立自己的知识体系，激发学生的思维由低阶向高阶转变。除此以外，课后的反思也尤为重要，它是教师提升课堂教学能力的内在源泉，也是学生发展高阶思维的不竭动力。

让学生成为数学课堂的主角

——《表格里的玄机》研习思考

赖　明　荣县树人小学校

传统式的课堂是老师在上面讲，学生在下面听。而在为期一周多对《表格里的玄机》一课的打磨中，我收获颇丰。回顾自己8年的教学经历，反思自己的课堂教学，我深深体会到：必须转变自己的观念，努力学习新课程理念，以学生为中心，关注每个学生的发展，让学生成为数学课堂的主角。

（一）以生为本，生成精彩

学生既是我们教学的起点，也是我们教学的归宿。"以生为本"要求我们真正把课堂还给学生，把时间权、空间权、探究权、选择权、发展权还给学生。

郝老师在课堂上常常能捕捉到学生的表现，生成精彩的教学瞬间，这一点让我受益匪浅。在一次试讲中，在练习环节解决问题时，一名学生的列式引起了郝老师的注意。

```
2×20=40（只）            4×15=60（只）
40+60=100（只）          100-94=6（只）
4÷2=2（只）
兔：6÷2=3（只）          15-3=12（只）
鸡：35-12=23（只）
```

这名学生平时成绩不是很好，上课不敢回答问题，不过，在郝老师的一再鼓励下，这名学生站上了讲台，并非常清晰地表达了自己的想法：假设是20只鸡，15只兔，那么脚就多了6只，就要减少3只兔，增加3只鸡。讲完后，其他学生不由自主地给这名学生以热烈的掌声，郝老师也为他竖起了大拇指，顿时，他的脸上洋溢起成功的喜悦。只要给孩子一个机会，他就会给你一份惊喜。

（二）探索实践，少扶多放

在课堂上，我们老师常犯的毛病就是：总以为学生面对新问题时，如果让其自行探索，特别费时，而且不一定能找到答案，到头来还得老师一步一步领着学。这种"扶"束缚着学生，抑制学生的发展。老师应该相信学生的潜能，放手大胆让学生去尝试。

在《表格里的玄机》一课的教学过程中，郝老师给足学生的时间与空间去领悟、理解几种方法的本质，用心营造了一个自主探究的空间，每个学生都在努力地尝试与探究。当发现其中的规律后，学生的尝试方法越来越多，思维越来越活跃，当把几种方法进行对比时，学生恍然大悟：原来假设法就被列表法囊括其中。

（三）回顾思考，自我提炼

数学学习要给足学生充分实践的时间，也要有放下笔回顾思考，自我提炼总结的时间。这节课在结束前，郝老师让学生回头看看自己学习的历程，在思维主线的引领下，总结出"假设—比较—调整"的思路，而这一思路正是应用相当广泛的科学研究的基本过程，这有助于学生掌握这一研究方法的基本结构，在今后的学习、研究中实现迁移。

所以，在教学中，教师只有相信学生，放手让学生去探索，让学生真正成为数学课堂的主角，才能最大限度地提高课堂教学的效率，才能使不同的学生通过适合自己的方式学习有价值的数学，获得成功的体验，得到不同的发展。

参考文献

［1］曹培英.跨越断层，走出误区：小学数学问题解决教学研究［M］.上海：上海教育出版社，2021.

［2］王永春."数学广角"的价值取向和教学建议［J］.小学数学（数学版），2009（11）：29-30.

［3］李玲玲.把学生的潜能变成现实——一节"鸡兔同笼"课的思考［J］.基础教育课程，2009（6）：27-28.

［4］刘东旭.数学模型思想的渗透——以"鸡兔同笼"问题教学为例［J］.教学月刊小学版（数学），2015（4）：41-42，1.

［5］韩瑞娟，周婷.基于小学数学核心素养培养的"鸡兔同笼"教学策略探究［J］.兵团教育学院学报，2018，28（3）：68-71，81.

第八章

数据意识

　　数据意识主要是指对数据的意义和随机性的感悟。知道在现实生活中，有许多问题应当先做调查研究，收集数据，感悟数据蕴含的信息；知道同样的事情每次收集到的数据可能不同，而只要有足够的数据就可能从中发现规律；知道同一组数据可以用不同方式表达，需要根据问题的背景选择合适的方式。形成数据意识有助于理解生活中的随机现象，逐步养成用数据说话的习惯。

——《义务教育数学课程标准（2022年版）》

在真实情境中理解统计的现实意义

——以《生日》为例

杨薪意　学术指导

胡　娱　成都市茶店子小学校

李曦娟　成都市茶店子小学校清淳分校

李　果　成都市行知小学校

一课一深思

一、课前思考

（一）对核心词的理解

在现代社会里数据无处不在，解决许多数学问题的关键是收集数据并进行调查研究，再根据数据分析问题。培养数据意识不仅能提升学生的解题能力，还能帮助他们逐步养成用数学的语言表达现实世界的习惯。

（二）对这节课教材的解读

在义务教育阶段的数学学习中，统计与概率是其中一个重要领域。它包括三个主题，分别是"数据分类""数据的收集、整理和表达"以及"随机现象发生的可能性"。这些内容对于学生的数学学习具有重要意义，纵观北师大版小学数学12册教材，每个年级的教材都至少有一个单元涉及此模块。

在学习《生日》一课之前，学生已经积累了一些收集、整理数据的活动经验。2022年版新课标对于该单元提出的相关教学要求是：通过现实背景，让学生理解条形统计图中横轴和纵轴所表示的意义以及两者之间的关联，知道条形统计图的功能等。通过学习，学生能够经历数据统计过程，对统计结果作出数据分析，初步认识条形统计图等，能进行简单的填制并对整理出的数据进行简单的分析预测。由此可见，培养学生的数据意识是本单元的教学重点。

我们通过分析，制订了以下教学目标：①通过与学生生活相关的统计活动，让学生亲身参与完整的统计过程，逐步积累统计经验，使统计思想和方法贯穿其中。②让学生理解和掌握条形统计图的特点和作用，会利用条形统计图表示数据，同时渗透数据分析观念。③培养学生从条形统计图中获取信息的能力，发展学生数据分析的观念，让学生体会数据中蕴含的信息。

（三）对这节课教学的整体构思

1. 重视感知与识别，建立表象

通过前面的学习，学生已经掌握了多种调查的方法，本课设计"贴磁贴"一环节，其目的是使全班数据的收集和整理过程变得直观。在收集的过程中，有意让学生"随便贴"，巧妙制造冲突，鼓励学生自觉进行整理，让学生在不知不觉中建立起对条形统计图的清晰表象。

2. 重视理解与创造，建构意蕴

在得到象形统计图的基础上，教师激发学生自主思考"有没有办法通过图表来直观地表示数量"，这样促使学生更好地理解和感受条形统计图的直观性。同时，通过"看书"来加强学生对作图规范化的理解。此外，学生通过观察对比课前收集的作品，体会各要素对条形统计图的重要性。以上活动有助于加强学生对条形统计图的理解与应用，也有助于提升学生操作技能。

3. 重视推理与联想，建明内涵

本课的重点是通过观察图标来分析数据。然而，现阶段的学生往往缺乏对结果进行分析和思考的习惯。因此，在教学中，设计"送书签"环节，引导学生在理解图标的基础上，进行观察和分析，根据统计结果作出合理的决策，达到培养学生的数据分析观念，让学生深刻体会到条形统计图在现实生活中的应用和价值的目的。

4. 重视拓展与应用，建类表达

本节课还要注重对所学知识的拓展与应用。因此，练习环节是围绕"本班学生身高情况调查"构建的。根据所得数据，学生分析统计结果的适用场合，以及预测全年级、全市，乃至更大范围学生身高的范围划分。这样的应用，能够进一步提升学生的应用能力和统计思维水平。

二、课堂实践

（一）第一环节：触发

师：同学们好，我先做一个自我介绍，我姓胡，你们可以叫我胡老师，我的生日在9月，你知道9月是什么季节吗？你可以做一下自我介绍吗？说说你叫什么名字，生日在几月，是什么季节。

生说。

师：还有这么多同学想自我介绍啊，你们真热情，别着急，等会儿还有机会。听了你们的自我介绍，你们猜，我现在突然很想知道什么？

生1：应该想知道我们班每个人出生在哪个季节。

生2：可能想知道我们班哪个季节出生的人最多。

生3：想知道我们班有多少人在春季出生。

师：我们想到一块儿去了。

【设计意图】通过创设"和学生互相了解生日季节"的聊天情境，引导学生把生活问题转化成数学问题，发现和提出本节课的数学问题"出生在哪个季节的人最多？有几人？"，让学生初步体会统计的真实需求，感受统计的现实价值。

（二）第二环节：探究

1.独立研习，探寻新知

师：那你们愿意帮我解决这些问题吗？该怎么办呢？

生：我们可以问班上每个人出生在哪个季节。

师：那怎么收集数据呢？

生1：我们可以举手，叫到哪个季节哪个季节出生的学生就举手。

生2：我们还可以站起来。

师：好的，那接下来我们用一种很有趣的方法来收集数据。在收集数据之前我们先来看看这个。请你从信封里找到你的生日季节所对应的颜色的磁铁，贴到黑板上来吧，随便贴。

生活动。

师：这样贴用数学的眼光来看的话，有点？

生：乱。

师：谁来说说，你打算怎么整理？

生整理。

【设计意图】使学生知道在现实生活中，要解决问题，应当先做调查研究，收集数据，感悟数据蕴含的信息。利用磁贴学具，让全班同学的数据收集和整理变得更加直观，磁贴贴成的就是一个具象的条形统计图，为后续抽象成条形统计图和学生认识条形统计图做好了铺垫。

2. 同伴研讨，探究解惑

师：怎样才能知道我们在哪个季节出生的人最多以及具体出生了多少人呢？

生：数出来。

师：如果不数，有没有什么方法能让我们直接看出有多少人？四人小组讨论一下。

生1：可以在磁贴上标上数字。

生2：这些磁贴很像一个个小格子，我们可以画一个格子图。

师：你们真的特别棒，你们想的和书上一模一样。来，翻开课本第83页。

生看课本学习。

师：我这里也有一张超大格子图，我把我们的这些磁铁贴过来，看看是不是能直接看出是几。

生：能！

师：怎么这么快就知道了？

生：直接看最后一个磁铁对齐哪个数字，那它就有几个。

【设计意图】知道同一组数据可以用不同方式表达，需要根据问题的背景选择合适的方式。问题"如果不数，有没有什么方法能让我们直接看出是几？"实则点出了条形统计图的优点，并让学生想办法思考如何"看出"数据，将难题与已有经验相结合，轻松想出"标数字"和"变成格子图"，为认识、理解条形统计图夯实了基础。

3. 团队研述，探索提炼

师：仔细观察它，你还能发现什么？

生1：我还发现了××季节的人数最少，只有×人。

生2：我发现××季节比××季节多×人。

生3：我发现一共有××人，班上每个人都统计到了。

师：你们真棒，你们通过观察分析出了这么多信息。

师：其实，你们刚刚不知不觉得到了一个数学中很重要的图——条形统计图。它最大的优点就是能直接地看出数据的多少。这就是我今天想要介绍给大家认识的新朋友，接下来请允许我继续介绍一下它。在这幅图上，横向的我们叫它横轴，在这幅图里表示"人数"，纵向的我们叫它纵轴，在这幅图里表示"季节"。

师：你们知道吗？它帮了我一个大忙，我其实悄悄准备了一些书签想送给你们做小礼物，有了这个条形统计图，它就可以帮我很快地作出"决策"，让我知道哪种多买一些哪种少买一些，而这就意味着我利用条形统计图解决了生活中的实际问题。

师出示其他条形统计图。

师：看来生活中好多地方，我们都能利用条形统计图来解决问题。

【设计意图】学生在认识了条形统计图后，绘制条形统计图，感受并完善条形统计图的必备要素（横轴、纵轴和标题）；认识到条形统计图的横轴纵轴的互换；知晓条形统计图中的一格还可以表示多个量。通过不断询问每个条形统计图"它想解决什么实际问题？"，让学生充分体会条形统计图的现实意义，充分突出统计的必要性，调动学生利用条形统计图解决实际问题的主动意识。

（三）第三环节：提升

（1）活动1。

师：还记得课前让你们做了一个身高的问卷调查吗？我把收集到的信息通过整理，已经制成了统计表和统计图。你能把它们补充完整吗？（图8-1）

【学习任务单】

班级：　　　　姓名：

下面是四年级（七）班同学身高情况。

（1）你能将下面的统计表和统计图补充完整吗？

（2）跟同桌说一说，你有什么发现？

身高/厘米	129~132	133~136	137~140	141~144	145~148	149~152	153~156	156以上
人数	1	4	10			4	2	1

四年级（七）班同学身高情况统计图

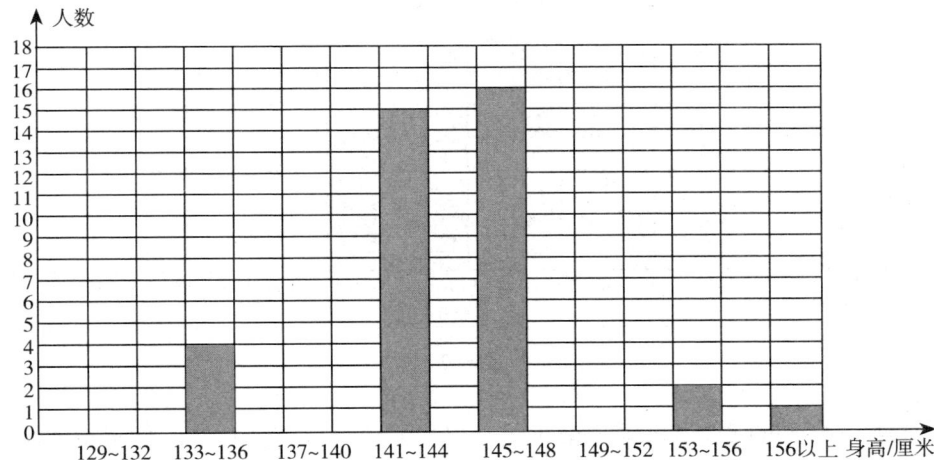

图8-1

师：分析一下，你发现了什么？

师：它可以解决什么实际问题？

生：在订校服的时候可以作为参考。

师：那这个条形统计图还能在什么场合下或者为谁提供参考呢？

A. 早餐店　　　　　　　　　B. 校服供应商

C. 火车票售票处　　　　　　D. 欢乐谷游乐设施

（2）活动2。

师：让我们把思路打开，我们还可以统计什么？

生：全年级学生的身高情况。

师：太棒了！那大家猜想一下，如果把全年级所有同学的身高情况做成条形统计图，会是什么样子？为什么？

生：应该跟我们班情况差不多，主要也集中在141~148厘米这个区间。

师：这个我也悄悄调查了一下，让我们一起来看看是不是如这位同学所预料的那样。（图8-2）

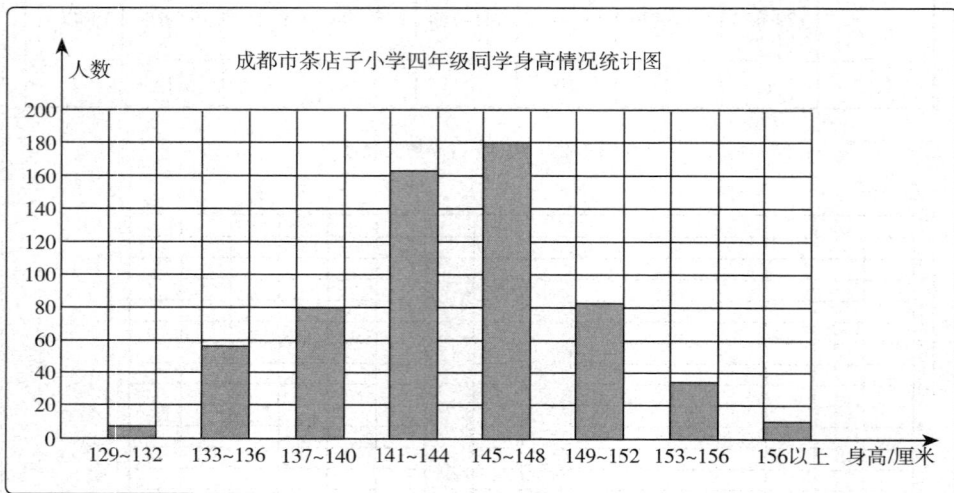

图8-2

师：既然可以从全班推测全年级，那我们还可以统计什么？你觉得情况大概如何？

师：我们从全班这个小范围的统计，居然可以推测出我们全年级、全成都市乃至更大范围的情况，这就是统计的魔力！不过这只是一个大概的推测。

（3）活动3。

师：好，我们再细看其中一项，我们班身高在156厘米及以上的有1人，那你能推测全年级大概有多少人吗？

师：我们再一次根据小范围的数据合理地推算出大范围的数据，虽然依旧只是个大概，却能给我们提供一定的参考。

师：一幅小小的全班身高的条形统计图，我们经过对里面的数据不断分析，挖掘出了这么多的信息，希望你们在以后的生活中能够用今天所学的知识去解决问题。

【设计意图】通过对自己班级同学身高的统计及分析，由浅入深，由横向到纵向地分析解读条形统计图，感悟条形统计图的直观性，拓展条形统计图的应用领域，感悟其实用性和使用的广泛性。

一课一深研

《义务教育数学课程标准（2022年版）》明确指出，培养学生核心素养应通过启发式教学、生活化问题和个性化发展等方式实施。然而传统的教学模式常常以"注入式"教学为主，限制了学生思维的发展和创造性思考。为了改变这种状况，我们设计和引入了两个核心问题，旨在激发学生的数学思维，使学生实现创造性的学习和思考，并对所学知识起到巩固的效果。通过这两个核心问题，学生可以有机会主动思考和解决真实问题，而不仅仅是被动地接受知识的灌输。

问题一：有没有什么方法能让我们直接看出是几？

在"从具象的磁贴到抽象的条形统计图"这个过程，教师没有直接告知条形统计图，而是抛出一个挑战性的问题引导学生思考活动，待学生交流活动之后，回头总结时就会发现原来条形统计图的优点教师早已告知。问题中的"直接看出"一词是激励学生思考的催化剂，通过这个词激发学生的思维，引导学生深入思考，学生将不再仅仅接受教师的抽象定义，而是自主发现其中的奥妙，充满成就感。

思考时考虑到学生个人思维的局限性，教师还引导学生采用小组讨论合作的学习方式，集思广益，共同思考如何在格子图上直接标出数据，激发了学生积极探索的热情。在这个探索过程中，将条形统计图的"直观性"特点细无声地渗透给了学生，同时提升了学生分析问题和解决问题的能力。

问题二：它想解决什么实际问题？

在教学过程中，教师结合三份不同类别的作品（无标题、横纵轴互换、1格代表多个单位量）连续3次提出"它想解决什么实际问题"这一问题。这样处理的好处是，不仅让学生深入感受到横轴、纵轴、每格代表几人以及标题在统计图中的重要性，还通过不断地提同一个问题，不断地强调条形统计图是具有解决实际问题的作用的，让学生领悟其与实际问题解决密切相关的重要性。学生在分析数据的过程中，还能逐渐培养挖掘数据背后信息的能力，更好地理解数据的作用和意义，提高数据素养在实际问题中的应用能力。

教师通过这两个核心问题，不仅有效突破了学生理解条形统计图直观性的局限，还激发了学生的思维活力，提升了学生的创造性学习和思考能力，促进了学生对数学基本知识和技能的理解和巩固，同时促进了学生个性化发展。

一课一提升

"刀"越磨越锋利，课越磨越精

——《生日》研习思考

胡　娱　成都市茶店子小学校

接到上《生日》这节课的任务时，我还是比较有信心的。但是，上完试课之后我就发现了一些问题。首先，在用磁贴收集到全班学生的生日季节后，就需要从具象的磁贴抽象出条形统计图的格子图。这样的设计，总是让我觉得缺少了学生的自主思考。其次，学生对于"条形统计图"的学习主动性不足。虽然设计的情境是让学生帮教师了解班上同学的生日季节这个实际问题，但是学生对于"我为什么要学条形统计图？""条形统计图在生活中有什么实际价值？""用条形统计图能解决什么实际问题？"的主观意识还是不够强烈，在如何体现"条形统计图的实际应用价值"方面考虑得还不深刻。

为了解决这两个问题，我查找了很多资料，也得到区教研员的指导，在上课前还得到杨老师在关键处的点拨，让以上的问题得到了很好的解决。

对于"从具象的磁贴到抽象的条形统计图"这个问题，我以问题激发学生想方设法地去思考如何"直接看出"数据，最终想出"标数字""画格子"的方法来解决这个问题。在这个过程中，学生不仅主动参与、充分思考，还充分地体会到了条形统计图的优点就是能"直接看出数据的多少"，发挥了学生学习的主观能动性。

为了让学生感受到条形统计图在生活中的广泛应用，体会生活问题可以转化为数学问题，数学方法可以解决生活问题，激发学生利用条形统计图来解决自己身边的实际问题的积极性和主动意识，在学生认识了"条形统计图"后，我出示了三个条形统计图，抛出问题"它可以解决什么实际问题？"实现了预期目标。

在练习环节，我把课前收集的学生身高数据制成统计表和统计图。当学生看到用自己身高数据制成的条形统计图时，体会到了条形统计图就在他们身边。"这幅条形统计图还能在什么场合下提供参考呢？"学生对四个选项作选择时，再一次体会到条形统计图对于解决实际问题的价值，有的学生还作出了四个选项以外的解释，充分感受了绘制条形统计图的现实意义。

"从这幅图中，除了了解我们班的身高情况，还可以了解什么？"这一问题让学生意识到还可以利用班级的条形统计图去合理地推出全年级、全区甚至全市四年级学生的身高情况，感受条形统计图样本数据的作用。"根据我们班身高在156厘米及以上的有1人，你能推测全年级大概有多少人吗？"则让学生再次感受到收集数据、整理数据的意义，初步建立数据意识。

此次经历，我切实体会到让学生去经历真实的统计过程，才能帮助学生积累数据收集、整理、分析的经验，使学生学会用数学的思维去思考现实世界。

深度解读才有深度学习

——《生日》研习思考（1）

李曦娟　成都市茶店子小学校清淳分校

最初，在上《生日》这节课时，我试图创造一个新的问题情境——"社团课程开设的科目投票"。然而，胡老师看了后提出了一个问题："为什么要摒弃教材所提供的问题情境？"这个问题触发了我的深刻反思：①教材提供的问题情境是否真的无法吸引学生？②我是否读懂了这个情境？③是否真的需要创设一个全新的情境？

对比胡老师的开课环节，我有一种醍醐灌顶的感觉。胡老师创设了一个真实的、具有统计意义的问题情境。她先通过自我介绍拉近了师生之间的距离，通过"我想认识你"引导学生主动探究"班上哪个季节出生的人最多？有几人"。这样操作，不仅解决了我的问题，还引发了学生对数据收集的兴趣，激发了学生主动思考和积极参与的动力，让我认识到巧妙运用教材素材的重要性。

整节课，胡老师各个环节都处理得非常细致。例如，在认识条形统计图的结构环节，胡老师呈现了诸如无标题、项目混乱、1格单位量不明等学生问题作品，让学生在充分讨论、交流中修正。这种方法不仅减少了绘制图表所需的时间，还促进了学生的思维从易到难、从混沌到明晰、从具体到抽象不断递进发展。胡老师的操作让我明白了在时间有限的情况下，更有效地达到教学目标、获得更丰富的收获的方法。

我曾经尝试通过习题来让学生感受条形统计图的直观性，但我发现学生对概念的理解仍然停留在表面，缺乏深层次的理解。胡老师则采用了问题引导。这让我意识到，一个好问题能够更好地激发学生的思考和参与，从而达到更好的学习效果。

听完胡老师的课，我对于教学的理解有了深刻的变化。我认识到教学不仅是传递知识，更是要让学生在实际情境中运用知识，培养学生的创新思维和解决实际问题的能力，我要将所学的教学经验应用到今后的教学实践中。

磨课磨的是课，磨出来的是专业

李 果 成都市行知小学校

相信每位教师都有磨课的"痛苦"经历，磨课的过程不是简单地改教案，而是要切实落地，要明确教案设计是否合理，是否符合新课标要求，是否突出重点、突破难点，学生是否能理解到位，学生的困惑是什么，我们又该如何作出调整，等等。胡老师的这节课前后经历了多次思考，最终形成了定稿，实属不易。

为了让学生体会数学就在身边，胡老师在触发环节创设了一个贴近学生生活实际的真实情境，介绍自己的生日引发学生思考，激发学生想要继续探究的欲望和兴趣。紧接着，为了让学生经历数据的收集、整理和呈现以及条形统计图的形成过程，胡老师在探究环节凸显了工作室"三研三探"活动设计策略的优势。

在"独立研习，探寻新知"环节中，胡老师选择的是各种颜色的磁铁，通过板贴直观呈现学生收集的数据，为下一步统计图的出现做准备。在"同伴研讨，探究解惑"环节，胡老师充分调用了学生在二年级就积累的数据分类的活动经验，准确地找到学生的思维生长点，设计了"最多的季节有几人呢？如果不数，有没有什么方法能让我们直接看出是几？"的问题，促使学生去思考，在交流讨论中感受数据整理的作用，初步形成数据意识。在"团队研述，探索提炼"环节中，胡老师引导学生观察、比较，发现条形统计图最大的优点是能直观地、快速地看出数据的多少，解决了学生课前"为什么要学条形统计图？条形统计图有什么作用？"的迷思，为学生进一步认识条形统计图的组成部分做好了认知准备。

纵观胡老师的这节课，不仅重视知识本身的形成过程，也重视实际应用。在提升环节，胡老师将学生的身高数据制作成不完整但能对应完善的表格和条形统计图，以学生喜欢的方式让学生"猜"这个统计图的作用。他让学生认识到根据班级身高数据可以推测全年级乃至更大范围的四年级学生身高情况，发展了学生的推理意识和数据意识。

在工作室的六年，我有幸参与了多次磨课和研讨，整个研讨过程让我感受到：

磨课磨的是课，磨炼的是毅力。不逼自己一回，都不知道自己也可以做到"白天教学、夜晚学教"，夜半的蝉鸣、破晓的日出都曾见证过这一切。

磨课磨的是课，磨出来的是专业。一节好课除了有基本的教学内容外，还需要有理论的加持才合理。每个环节设计的意图是什么？怎样设计才能更符合学生的年龄特征和课标要求？这些问题都在不断鞭策我们加强理论和实践的同步提升。

磨课磨的是课，磨合的是友谊。团队成员在杨老师的带领下都很"给力"，常常磨课一坐就是几小时，讲台上的试讲，讲台下的观察，通过观他人的课堂，反思自己的课堂，互相取长补短。

每一次磨课，都既让我感到任务启动时压力山大，又让我感受到超越自我的喜悦、任务完成的激动，找到了今后努力的方向。生命不止、奋斗不息，作为一名青年教师，我会不断努力变得更好。

参考文献

［1］杨秀芹，王保平. 小学数学新课标的十大核心概念解读［J］. 文化创新比较研究，2020，4（13）：125–126.

［2］张丹，白永潇. 新课标的核心概念及其变化——《义务教育数学课程标准（2011年版）》解读（三）［J］. 小学教学（数学版），2012（6）：4–8.

［3］中华人民共和国教育部. 义务教育数学课程标准（2022年版）［S］. 北京：北京师范大学出版社，2022.

第九章

模型意识

模型意识主要是指对数学模型普适性的初步感悟。知道数学模型可以用来解决一类问题，是数学应用的基本途径；能够认识到现实生活中大量的问题都与数学有关，有意识地用数学的概念与方法予以解释。模型意识有助于开展跨学科主题学习，增强对数学的应用意识，是形成模型观念的经验基础。

——《义务教育数学课程标准（2022年版）》

量感支撑下的模型意识培养

——以《圆的面积（一）》为例

杨薪意　学术指导

王　娟　成都市奥林小学校

刘天琼　成都市荷花池小学校

李　娟　成都市北新实验小学

向利菊　成都市奥林小学校

一课一深思

一、课前思考

（一）对核心词的理解

完整经历"圆的面积"计算公式的分析、假设、抽象、建构的探究过程，体验选择数学工具、方法的数学思维，能灵活应用圆的面积计算公式解决生活中的简单问题，在应用中初步形成模型意识。

（二）对这节课教材的解读

学习《圆的面积（一）》之前，学生已经学习了长方形、平行四边形等平面图形的基本特征及周长、面积的计算，直观认识了圆的特征，探索了圆的周长公式，为圆的面积探索积累了丰富的知识和活动经验。《圆的面积（一）》不仅是学生初步研究曲边图形面积的开始，也是后面学习圆柱、圆锥等知识的基础。本课主要发展学生空间观念、几何直观、模型意识、量感和推理意识等学科核心素养。

横向对比其他版本教材，我们发现在本节内容的编排上这几版教材都注重"化曲为直"，利用转化思想将圆转化为平行四边形来推导圆的面积公式。但在用方格纸和圆内外正方形来估测圆面积的方法上，其他版本的教材着力于用两种方法让学生感受圆面积的估计和推导，而北师大版教材完整编排了数方格、转化和圆内方圆外方（类割圆术）三种方法，持续引导学生继续想象直至无限多的情况，很好地渗透了极限思想。

（三）对这节课教学的整体构思

1. 重视感知与识别，建立表象

表象来源于学生的亲身体验，这些体验主要依靠学生动手操作、动脑想象等多元表征的方式来实现。本课要帮助学生建立关于圆的面积的丰富表象，可以设计活动让学生在测量圆面积的过程中调动多种感官参与学习，感知"量"的累加。

2. 重视理解与创造，建构意蕴

活动中学生会发现无法通过测量的方式得出圆的精确面积，必须寻求新方法，而新方法需要学生在实际操作过程中不断思考，利用已有知识经验来理解与创造，经过不断尝试与学习经验迁移，联想到多种不同方法把圆转化成近似的直边图形。

3. 重视推理与联想，建明内涵

把圆转化为近似的直边图形后，应重视引导学生进行对比分析与推理，明晰转化后的图形与圆各部分间的关系，体会方法不同，拼补出的近似图形也会不同，不同图形与原来圆的各部分之间的联系也会不同，但最终都会得出 $S = \pi r^2$。

4. 重视拓展与应用，建类表达

"太极广场"这个大面积的探索能让学习与学生真实生活相连接，将学生所学用于解决真实问题，既培养学生运用所学知识解决实际问题的能力，也锻炼了学生用数学语言表达现实生活的能力。

二、课堂实践

1. 第一环节：触发（真实情境）

播放视频《成都的夜景真美丽》。

师：通过观看视频，你能想到哪些数学问题？

生：想到圆，圆的面积是多少？……

师：同学们真会观察，想知道"太极广场"有多大，就是在求圆的面积。

【设计意图】新课标在教学提示中建议："图形的面积教学要让学生在熟悉的情境中，直观感知面积的概念……形成量感。"天府广场是成都地标性建筑，创设学生熟悉的真实情境，有利于激发学生学习兴趣，培养学生热爱家乡之情。

2. 第二环节：探究（三研三探）

（1）回顾唤醒。

师：关于面积的探究我们积累了一些经验与方法，你能用这些方法探究圆的面积吗？

学生利用单个面积单位测量。

师：你有什么发现？

生：摆不完，有剩余……

（2）独立研习，探索新知。

学习活动（一）：数方格，估测圆的面积

师：我们如果把中间包含完整面积单位的方格涂上颜色，会怎样呢？请大家涂一涂。

学生独立完成，教师收集作品，开展全班交流。

提问：观察这几幅作品，你有什么发现？

预设：①方格越小，数出的方格越多。

②随着格子越来越小，剩余部分越来越少。

③中间的形状越来越像圆。

师：想象一下，如果方格更小会怎样？

预设：随着方格越来越小，涂色部分的面积就越接近圆的面积。

师：同学们能借助以前的学习经验来探索圆的面积，很棒！在研究的过程中有疑惑吗？

预设：①尽管越来越接近，但是这样数很麻烦……

②只能越来越接近，还是没有得到圆的精确面积。

③还是不知道圆的面积如何计算。

师：有道理，为什么其他图形能用面积单位来测量而圆不行？能不能把它"化曲为直"呢？

【设计意图】新课标在教学建议中指出，让学生在对图形测量和计算过程中，从度量的角度加深对图形的认识，理解图形的关系，进一步增强空间观念、量感和几何直观。通过独立研习，让每个学生亲身经历用"面积单位"测量圆面积的过程，感知"量"的叠加。

（3）同伴研讨，探索解惑。

学习活动（二）：转化图形，推导圆的面积公式

师：你们想选择什么思路来研究？和组内同伴讨论。

组内商量选择研究方法，领取学习资料，完成探究活动，教师巡视指导。

【设计意图】新课标在教学建议中提出：通过丰富的教学方式，让学生在实践、探究、体验、反思、合作、交流等学习过程中感悟基本思想、积累基本活动经验，发挥每一种教学方式的育人价值，促进学生核心素养发展。在"同伴研讨"小组活动中，通过巧妙设计学习袋里提供的不同素材，利用学习单引导学生"观察、猜想、操作、验证、讨论、归纳、反思"，有序地经历并理解圆面积计算公式的推导过程，通过实际操作活动来积累丰富的活动经验，体会转化方法的价值，发展逻辑推理能力、空间观念和量感。

（4）团队研述，探索提炼。

分组汇报，开展全班交流。

A组：转化成平行四边形。

预设：

① 我们小组把圆转化成了近似的平行四边形。先将圆平均分成4份、8份、16份、32份，把它拼成一个近似的平行四边形。

② 我们发现随着边数增加，平行四边形的边越来越平。

追问：①转化成的平行四边形的底和高与原图形有什么关系？

②你怎么知道平行四边形的高是圆的半径？底是圆周长的一半？

③想象一下，如果等分的份数继续增多会怎样？

播放视频《极限切割圆》。

师：随着等分的份数越来越多，拼成的图形也越来越像平行四边形，最后变成长方形。

B组①：拼成近似的三角形。

预设：我们把圆形平均分成16份，拼成了一个近似的三角形。三角形的底相当于圆周长的1/4，三角形的高相当于圆半径的4倍，这个三角形的面积等于圆的面积，由此推导出圆的面积公式。

B组②：拼成近似的梯形。

预设：我们把圆形平均分成16份，拼成了一个近似的梯形。拼成的梯形的上下底之和相当于圆周长的一半，梯形的高相当于圆半径的2倍，圆的面积等于梯形的面积，推导出圆的面积公式。

B组③：拼成近似的长方形。

预设：我们把圆形平均分之后，先拼成平行四边形，然后再拼成长方形。拼成的长方形的长相当于圆周长的一半，宽相当于圆的半径，圆的面积等于长方形的面积，推导出圆的面积公式。

师：同学们真厉害！有同学挑战了新方法，让我们来听听他们是怎样想的。

C组：割圆术等其他方法。

预设：内接正多边形、外切正多边形、正方形减去四个近似的三角形等。

师：大家的方法太有创意了，真是未来的数学家。当初阿基米德、刘徽也是这样研究圆的。

播放视频《割圆术》。

师：刚才我们通过数方格、分割圆将圆转化为学过的基本平面图形，通过分析找到圆和基本平面图形之间各部分的对应关系，推导出了圆的面积计算公式。并且在这个过程中感受了方格越小，估测出的圆的面积越精确，分割的份数越多，拼出来的图形越接近平行四边形，这就是我们数学中非常重要的极限思想。而将圆这个曲边图形转化为直边图形用的也是数学中的重要思想——化曲为直。

【设计意图】新课标要求引导学生运用转化思想推导平行四边形、三角形、梯形、圆等平面图形的面积公式，形成空间观念和推理意识。开放式的设计意在鼓励学生用富有创意的方法得到出圆的面积，呈现出不同的研究方法，让学生在探究的过程中不自觉地推理转化前后图形各部分名称之间的关系，感受探究方法的多样化，多次体验极限思想的独特魅力，从而发展学生创新思维、量感、模型意识。

（5）回顾反思，认知结构化。

师：同学们，让我们再来看看这些重要发现，你想到了什么？

预设：

① 我知道了圆的面积公式是怎么推导出来的。

② 我知道了可以用数面积单位的个数、化曲为直的转化方法来研究圆的面积以及推导圆的面积计算公式。

③ 我发现圆可以转化成我们所学过的其他直边图形，如平行四边形、长方形、三角形等，但最终$S=\pi r^2$。（图9-1）

……

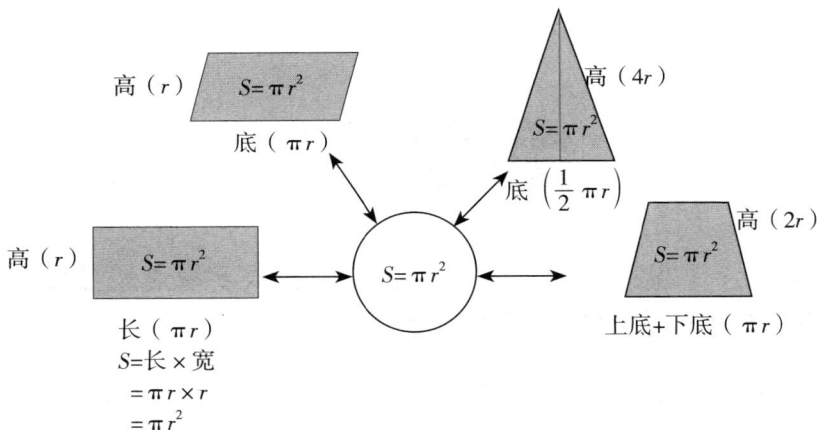

图9-1

师：圆真是一个奇妙的图形，不管它转化成哪个我们学过的图形，最后都能推导出$S=\pi r^2$，接下来就让我们利用这个公式来解决之前的数学问题。

【设计意图】新课标在教学建议中指出，让学生在对图形测量和计算过程中，从度量的角度加深对圆形的认识，理解图形的关系，进一步增强空间观念、量感和几何直观。组织学生再次回顾总结，通过交流沟通各方法、图形之间的联系，发现拼法不同，转化后的近似图形会不同，虽然每一个不同图形与原来圆的各部分名称之间的联系也会不同，但最终都会得出$S=\pi r^2$。从对知识的追本溯源到得出知识结论，从思想到方法的改变使学生认知结构化，培养学生模型意识。

3. 第三环节：提升（真实问题）

问题1：广场的半径约为75米。

（1）请同学们先估一估，广场的占地面积是多少平方米？

（2）算一算，广场的实际占地面积是多少平方米？

问题2：树上的一颗李子落入了平静的湖面，荡起层层涟漪，水波纹以每秒1米的速度传播，请问3秒以后，最外层的波纹扩散的面积是多少？

【设计意图】新课标在内容要求中指出，探索圆的面积公式，能解决简单的实际问题，形成初步的模型意识和应用意识。问题1与开课创设的真实情境相呼应，发展学生对大面积的估算意识，增强量感。问题2是生活中有趣的数学问题，让学生应用所学知识解决生活中的实际问题，初步形成应用意识。

一课一深研

问题一：《圆的面积（一）》这节课的教学重点是什么？学生会有哪些迷思困惑？如何厘清迷思？

本节课的重点我们确定为：帮助学生经历圆面积公式推导的全过程。

通过课前调查我们发现93%的学生存在的迷思有两点：①为什么要将圆转化成平行四边形、三角形等直边图形？②如何转化？

基于对重点的确定和学生迷思的分析，我们结合核心素养的关键词"量感""模型意识"以及当下"双减"政策在课堂教学中的有效落实，采用"三研三探"的教学策略，在"数一数""拼一拼""画一画""估一估""算一算"等活动中帮助学生体会"化曲为直"等数学思想，在图形转化和对应的活动中沟通图形之间的联系，帮助学生厘清课前迷思，丰富和发展学生的学科核心素养。

"数一数"是本节课的第一个操作活动，我们试图通过"数"，帮助学生在直观操作中获得两点新的认识：①能自主迁移探究平行四边形面积、三角形面积经验，认识到数面积单位的方法适用于直边图形，也同样适用于曲边图形。②能认识到用面积单位在直边图形上可以通过"铺满"而获得图形面积的大小，而在"圆"中，因为不能"铺满"，面积的度量误差会因度量面积单位的不同而不同。度量面积单位选择的大，圆的面积误差就会大；度量面积单位选择的小，圆的面积误差也会小。即便选择了更小的面积单位，这个误差仍然存在。并且，因为"格子"越来越小，也不方便数了。

"数一数"这个环节，也是本节课第一次极限思想的渗透。以两点新认识触发学生思考：有没有更好的办法降低误差？进而想到如果将"曲边"转化为"直边"即可"铺满"图形，为下一步"化曲为直"的方法引入做好铺垫。

如何"化曲为直"呢？我们为学生提供了不同等分的圆片，帮助学生在操作中认识到：对圆周进行等分切割，当份数越来越多时，等分后的曲边越来越短，就越趋近于线段，沿半径剪下来的扇形也就越接近三角形。为了更好地体现"以直代曲"，帮助学生的量感认识实现从数量的累加到形的转变，我们又借助视频演示了32份、64份，以及更多份数的切割和拼接，使学生发现拼成的图形越来越接近平行四边形，最后趋近于长方形。这是第二次渗透了极限思想。

第二次的极限思想渗透，让学生直观地发现了原来圆可以通过分割、拼接转化成原来学过的直边图形。而这些直边图形的面积通常不再采用数面积单位的方式来获得，而是通过面积公式计算得到。以长方形为例，引导学生观察变形前和变形后两个图形之间的联系，使学生认识到长方形的长相当于圆周长的一半，长方形的宽相当于圆的半径，进而推导出这个长方形的面积可以通过计算 πr^2 得到，用同样的推理方式可以推导出同一个圆转化成的平行四边形、三角形、梯形的面积也可以通过计算 πr^2 得到，所以圆的面积能通过 πr^2 得到。至此，学生经历了圆面积公式推导的全过程，并且在这个过程中，深度理解了圆面积公式的意义，厘清了为什么要把圆转化成直边图形，积累了探究的经验，丰富了对圆面积量感的体验。本课的教学实效让我们真切地感受到了课堂上注重核心素养培养、认知结构化的活动设计对学生深度学习和数学理解有很大的帮助。

问题二：模型意识的持续发展需要思维去内化，在本节课中是如何有效发展学生的模型意识的？

（一）体验"数量叠加"，在量感中形成初步的模型意识

量感的培养是从感受数量开始的，而感受数量需要在大量的具体度量情境中完成。面积的度量是依据面积单位的叠加而来的，圆面积的度量是小学阶段唯一一个曲边图形面积的度量，它为培养学生量感提供了真实的具体情境。学生在"数方格"的学习活动中能直观感受到数量的叠加。随着度量单位的变小，叠加的数量变得越来越多，学生从"量"的叠加升华到"感"的体验。

（二）感知"形的变化"，在量感中发展初步的模型意识

在前面的学情调查中我们发现，学生有转化的意识，但是圆作为曲边图形，要转化为直边图形是学生的困难所在。如何让学生主动想到转化的方法？我们设计了学习活动（二）"转化图形，推导公式"。在探究中，我们通过学习袋为学生提供了不同等分的圆片，帮助学生在操作中将"圆"转化成近似的直边图形，此时转化涉及多个不同的直边图形，让学生在转化中深刻感知"形"变化的美妙。通过同伴研讨、集体研述，让学生在小组合作中探索如何将圆转化成已经学过的图形，进而推导出圆的面积公式并让学生在实际操作活动中积累丰富的活动经验，从"形"变化的角度逐步发展量感，拓展量感认知的广度。

（三）明晰"量之间的联系"，在量感中进一步形成模型意识

在活动中学生将拼成的平行四边形和圆进行对比关联，发现它们形状变了，面积没变，再通过思考发现平行四边形的底和高分别对应着圆周长的一半和圆的半径，由此就找到了圆面积公式的推导依据。在不同组的探究中，学生发现圆的面积可以通过长方形、平行四边形、三角形等不同直边图形进行推导，得到圆面积的计算公式为$S=\pi r^2$，找到圆和其他直边图形之间的联系。学生在教师引导下理性分析发现这些联系的本质，从对知识的追本溯源到得出知识结论，从思想到方法的改变，体会模型意识。

至此，学生从量的叠加、量的形变、量的关联多维度地在具体操作活动中切身感受"量"，进而形成初步的模型意识。

一课一提升

学无止境，行以致远

——《圆的面积》研习思考

王　娟　成都市奥林小学校

　　非常荣幸能代表杨薪意名师工作室参加由北师大举办的这次辩课活动。接到任务之初，我内心既激动又忐忑。激动于能和来自全国各地的优秀老师一起就同一个主题进行深入研讨，这样的机会难能可贵，可几乎"零经验"的我不知道自己能否很好地完成任务，内心当真忐忑不已。许是感觉到了我的迟疑，"不用担心，你来就好，会有小伙伴和你一起合作完成的，再说我会全程陪着你们的。"杨老师的话仿佛有魔力，能让人心安。我由此打消了所有顾虑，勇敢地跨出了这关键的第一步。磨课的经历让我对如何在自己的教学活动中发展学生的量感积累了丰富的实际操作经验，更通过和来自其他地区优秀老师们的答辩探讨，拓宽了自己的视野，更新了教育教学理念。最重要的是这次活动让我在面对新事物时以及在提高工作、学习效率方面都有了新的感悟。

　　首先，教学之路无止境，要想不被时代所淘汰，教出能适应未来社会发展的学生，身为师者的我们就要不断学习。生活中，人们在面对未知的问题时总是会有诸多顾虑，会担心做不好，会在意别人的看法，也会计较得失等等，往往正是这些"担心"让我们错过时机，裹足不前。就像我开始也是如此，正因为有了杨老师的鼓励，我才迈出了第一步，只有迈出去了，才有机会行至远方。这样的"第一步"在后来的工作和生活中也出现过许多次。辩课活动的经历让我在面对后来的"第一步"时有了不同的态度，我总是会勇敢地选择"试一试"。"凡事试试才知道能不能行"成了我新的座右铭。

其次，这次活动的经历让我深刻体会到团队的强大力量。之前在面对问题时，我往往会通过自己的力量，如查阅资料、自己埋头苦干实践来解决，这当然未必总能达到预期效果。这次活动却是一次真正的团队合作，在两位导师的引领下，小伙伴们根据各自特长合理分工协作，不断碰撞出思维火花，直至最后厘清迷思，解决所有问题，顺利完成任务。这让我深刻感受到了一人力小而一个团队的力量则无比强大，能和一群志同道合的伙伴们一同研讨何其有幸！在自己的工作中，我开始变得更加乐意分享自己的经验和困惑，在交流中不断成长，学习和工作的效率都有所提高。

最后，我还想说，在教学实践的路上，问题有时候千头万绪，耐住性子一个一个地解决，总会有理顺的时候。就像现在，我又开始迈出"新"第一步啦，相信未来也会获得新的收获。

一课一深思，一辩一提升

——《圆的面积》研习思考

刘天琼 成都市荷花池小学校

我很庆幸能参与到此次名师工作室教学设计与课堂展示活动中，更庆幸和团队的小伙伴们一起经历了整个磨课答辩的过程。杨薪意老师与林佳老师的指导和帮助，不仅让我们取得了"一等奖"的优异成绩，而且让我们的教学水平得到了显著的提升。

首先，在磨课过程中，我和团队小伙伴一起认真研读课标，钻研教材，对教材中的每个环节沉下心思进行思考与分析，让自己对教材中为什么要设计这样的问题串的认识更深，更是为自己的教学设计增添了不一样的内容。例如，在第一个问题串中，曾经的我只会引导学生用单位面积去度量圆的面积，让学生看到单位面积的不同度量出来的圆的面积也有所不同，进而就开始进入到探讨"如何准确地得到圆的面积"这个环节。但是通过这次活动，我深刻地记住了，以后自己教学这个内容时，不仅要让学生体会到单位面积越小越接近实际面积，还要让学生直观地感知直边图形和曲边图形在用单位面积度量时的差异，更要在发现"通过不断缩小单位面积，度量出来的面积就会越接近实际面积"的同时，引导学生感知其中隐含的"极限思想"，同时让学生通过"将圆形不断进行平均分后拼接成近似于平行四边形乃至长方形"的活动，在推理出圆面积公式的过程中体会到"极限之美"。

其次，本次活动带给我对量感一词的新认识。借着这次活动的东风，团队小伙伴群策群力，通过分享资源，查阅资料，共享结果，整理资料，最后在杨薪意老师和林佳老师的指导和帮助下，共同努力，为本次答辩做足准备，也为团队取得优异成绩奠定了基础。因为认真参与了整个过程，所以我更清楚明确了何谓量感，怎样在课堂中培养学生的量感，以及量感的培养对学生的学习有怎样的帮助。

在"圆的面积"这节课每一次的试讲后，团队小伙伴们都会对每个环节的实施与成效进行认真思考与研讨，努力让课堂更加精彩。在一次又一次的共同研讨中，我对课程结构以及课中细节处理更清楚了。细心设计合理的课堂教学，抓住学生课堂生成的东西，引领学生学会学习，将是我以后教学中应该多注重的方面。同时，我对于如何培养学生学会学习有了新的认识，也明确了奋斗的方向与目标。

磨中成长，辩中提升

——《圆的面积》研习思考

李　娟　成都市北新实验小学

作为一名小学数学教师，我有幸代表杨薪意名师工作室参加了新世纪小学数学六年级数学上册《圆的面积（一）》教学实践研讨和答辩。通过这次研讨和答辩，我深刻认识到了在数学教学中落实核心素养的重要性，也深入了解了更好地组织学生更有效地学习"圆的面积"这个主题的方法，同时明确了沟通数学思想及知识之间的关系的重要性。

  首先，我认为数学教学是非常重要的，数学是一门基础学科，是可以解决各种实际问题的重要工具。在数学教学中，我们不仅要传授知识，更要培养学生的数学思维能力和解决问题的能力。因此，我们必须注重学生的理解和掌握程度，注重启发式教学，灵活应用数学活动进行教学，帮助学生理解数学概念和方法。此外，我们还要注重培养学生的兴趣，通过有趣味的数学活动和鼓励来激发学生的学习动力。

  其次，针对"圆的面积"这个主题，我认为教学中存在的主要难点在于理论和实践的结合。学生可能对圆的面积这个概念不是很熟悉，而且他们习惯于用公式去解决问题，但又不明白面积公式是怎样产生的，这反而不利于学生数学思维的发展。因此，我们必须将理论和实践结合起来，让学生通过动手操作的实践活动了解"量"圆面积的过程，在头脑中逐渐产生圆的面积概念，建立"量感"，从而为理解公式、灵活应用打下坚实的基础。

  最后，在这次研讨和答辩中，我不仅学到了很多新的教学方法和技巧，而且在如何结合主题培养学生的核心素养上获得一定心得。例如，利用PPT、微视频等工具进行直观教学，利用自制教学画、剪、拼、说等帮助学生理解化曲为直的数学思想，以及引导学生数学思维提升的探究性学习。本课将"量感""化曲为直""极限思想"浸润在活动各个环节，学习目标明确，学生在活动探索中逐渐加深对圆的面积的理解。同时，通过与其他答辩教师一起交流和分享，我也从他们的经验中吸取了很多有益的教学思想和活动设计，在交流中碰撞出更多培养学生核心素养的方法，从而能够更好地帮助学生建立空间观念。

  总的来说，本次参与《圆的面积（一）》教学实践研讨和答辩是对我非常有益的学习和交流经历。我相信，这些知识和经验将在我的教学实践中发挥重要作用，并且对我的学生的数学知识和思维能力的培养产生积极的影响。我非常感激有这次机会，希望将来还有机会参加这样的研讨和交流活动。

心之所向，行之所往

——《圆的面积》研习思考

向利菊　成都市奥林小学

我非常庆幸自己能成为《圆的面积》答辩团队的一名成员，经历与小伙伴们为期120天的携手共进，我深刻体会到：课堂设计的视角可以这么独特，课堂教学还可以开展得既深入又扎实。

为了深入理解核心概念，团队成员相互鼓励、督促，均经历了在一个月里阅览多本专著的头脑风暴，升华了对量感的认识。为了让不同层次的学生在活动体验中量感素养得到提升，团队成员东奔西走，到各个学校把教学活动磨了一遍又一遍。

每当疲惫不堪时我也不禁自问："为了一堂课，值得这样付出吗？"面对杨薪意导师的指导，我也自问："我能做到吗？"

曾经的我经常质疑自己行不行，现在的我则时刻问自己想不想：如果想，那就做；如果做，那就能；如果能，就一定行。

曾经的我以为教师在培养学生量感上只需"静待花开"；现在的我深刻体会到那种"静待花开"实则是不想进步的借口，真正的"静待花开"需要默默耕耘作为强有力的支撑。这次团队里的老师们带着我所经历的磨课、思考与修改，以及两位导师带给我的指导、支持与鼓舞，向我诠释了默默耕耘的内涵与意义，这些都时刻激励、感动、震撼着我。

曾经的我认为培养量感应该从评价语入手，它仅仅是新壶装老酒；现在的我深刻认识到量感的培养是在教师教学理念间生根，在课堂设计里发芽，在学生操作活动中开花。

曾经的我认为上好一堂课只是做好了一个"点"；现在的我却感受到上好一堂课是"打开了一片天"。在这片"天"里，我实现了自我突破，成为不一样的自己。

此刻，再回过头来看整个小学数学教材，我惊奇地发现我能从好多课例中解读出量感，体会核心素养，并对如何通过教材培养学生的核心素养有了自己的思考蓝图。但我也明白对学生核心素养的培养并非朝夕，也非仅一人之力能达到，希望读者朋友们也行动起来，与我们一起碰撞出思维的火花。

参考文献

［1］中华人民共和国教育部.义务教育数学课程标准（2022年版）［S］.
北京：北京师范大学出版社，2022.

［2］王永春.小学数学思想方法解读及教学案例［M］.上海：华东师范大学出版社，2017.

［3］史宁中.数学基本思想18讲［M］.北京：北京师范大学出版社，2016.

［4］马云鹏，吴正宪.《义务教育数学课程标准（2022年版）》案例式解读小学［M］.上海：华东师范大学出版社，2022.

第十章

应用意识

应用意识主要是指有意识地利用数学的概念、原理和方法解释现实世界中的现象与规律，解决现实世界中的问题。能够感悟现实生活中蕴含着大量的与数量和图形有关的问题，可以用数学的方法予以解决；初步了解数学作为一种通用的科学语言在其他学科中的应用，通过跨学科主题学习建立不同学科之间的联系。应用意识有助于用学过的知识和方法解决简单的实际问题，养成理论联系实际的习惯，发展实践能力。

——《义务教育数学课程标准（2022年版）》

素养导向下的综合与实践

——以《欢乐购物街》为例

杨薪意　学术指导
苟蜀清　成都市郫都区犀浦小学校
周　瑶　成都市新津区方兴小学
赵　静　邛崃市下坝中心小学校
刘　敏　彭州市九尺小学

一课一深思

一、课前思考

（一）对核心词的理解

应用意识有助于学生用学过的知识和方法解决简单的实际问题，养成理论联系实际的习惯，发展实践能力。在《欢乐购物街》主题学习中，学生从数学"跨入"货币史，从货币史"跨入"美术，再从美术"跨回"数学。通过多角度认识人民币后，学生能在现实生活情境中进行付钱、找零活动，真实解决现实生活中的问题。

（二）对这节课教材的解读

1. 教学目标更多元

我们不能仅仅聚焦在"认识人民币，能进行简单的人民币单位换算"，还应将"认识人民币的文化价值和艺术价值""人民币单位个数的累加""积极投入模拟购物活动，能清晰表达与交流信息""会在真实或模拟的情境中合理使用人民币""能够反思并述说购物的过程""形成对货币多少的量感和初步的金融素养"等作为主题活动的教学目标。

2. 突出让学生经历主题学习的过程

对于《欢乐购物街》主题活动，学生要积极投入模拟购物活动，能清晰表达和交流信息，认识元、角、分，知道元、角、分之间的关系；会在真实或模拟的情境中合理使用人民币；在教师的指导下能够反思并且述说购物的过程，积累使用货币的经验；形成对货币多少的量感和初步的金融素养。

本单元的标题点明了本单元内容的特点，即在学生的生活经验及感性认识的基础上，通过设计一系列学生熟悉的活动，使学生认识人民币，了解人民币的起源、作用，并在真实或模拟的购物场景中使用人民币，解决与人民币有关的一些实际问题。《义务教育数学课程标准（2022年版）》将以往二年级的"购物"这一单元，从数与代数中的"常见的量"，移至了综合与实践活动部分。综合与实践主题活动的设计有利于加强数学学科与其他学科之间的联系，关注学生的生活经验的获得和情感态度的发展，与此同时，更培养了学生的应用意识和创新意识等核心素养。因此，在这个过程之中，学生不仅增长了数学知识与技能，更深刻地感悟着数学学科的价值，也收获着数学的活动经验。这一切都在无形之中提升着学生学习数学的兴趣，更是日后学生解决数学难题的动力源泉。

3. 突出跨学科实践

在跨学科实践中，要融入美术、货币史等多学科的知识，发展学生的信息素养。学生要调查关于人民币发展的历史轨迹，结合设计人民币的活动，感受人民币的文化价值、符号价值和艺术价值，感受中华文化的博大精深，形成保护人民币的意识，树立文化自信和民族自豪感。

（1）美术。

了解了不同版本人民币图案设计的背景，不仅培养学生的审美能力，还培养学生的爱国情怀。在学生已有的认识人民币的经验基础上，通过设计"第六版人民币"增强学生的创新意识和创新能力。将国家灿烂的文化元素、数学抽象的数字符号与美术直观的构图设计融合，使学生感受人民币特有的图与形、色与彩的文化价值和艺术价值，体会数学与生活、美术与生活的密切联系，体会"数学+美术"学科融合带来的多元视角。

（2）历史。

了解中国货币的发展史，丰富学生对我国货币文化的认识。使学生从中国货币的发展脉络中，感受中华文化的博大精深，树立文化自信和民族自豪感。

（3）品德与社会。

让学生明白人民币是中国独有的，是中华人民共和国的代表和象征。将过去规定式的要"爱惜人民币"，要"节约用钱"等德育教育转化为自觉意识和自觉行为。

（三）对这节课教学的整体构思

1. 重视感知与识别，建立表象

第一课时，我们通过真实的物物交换活动，让学生在交换常用学习用品的过程中，体会到物物交换时需要考虑交换的公平性和交换的真实需求性：不做不公平的交换；不交换不需要的东西，培养学生不乱花钱的理财意识；通过货币发展史的视频，让学生穿越时空，认识到货币起源于人类的需求，货币的不断演变反映了时代的进步和科技的发展。

2. 重视理解与创造，建构意蕴

在欣赏了贝币、金属币、交子以及前五代人民币的基础上，我们特意为学生设计了一个既具挑战性又具趣味性的任务：设计一套"第六版人民币"。通过设计人民币来改变传统教学中老师介绍人民币的教学方式，让学生通过主动观察和美术设计，发现人民币所蕴含的祖国灿烂的文化，感受人民币特有的图与形、色与彩的文化价值和艺术价值。

3. 重视推理与联想，建明内涵

在设计人民币、认识人民币文化价值和艺术价值的基础上，我们通过计数器帮助学生打通"元、角、分"与"百位、十位、个位"的关联，借助拨珠子帮助学生理解10个一分是一角，10个一角是一元，人民币面值的大小也就是人民币单位个数的累加。为第三课时成功完成一次购物做好了人民币单位换算的准备。

4. 重视拓展与应用，建类表达

在第三课时，我们设置了一个真实的购物场景，让学生在真实的买卖活动中，通过使用人民币，在收款、付款的过程中，积累大币换小币、小币换大币的活动经验。

二、课堂实践

（一）第一环节：触发

师：同学们，上节课我们了解了货币的产生与发展，我国现在通用的货币是什么呀？

生：人民币。

师：那你会认人民币吗？请同学们观察大屏幕上出现的人民币，快速抢答，说出它的面值。

学生抢答（强调完整表达）。

【设计意图】从抢答活动入手，激发学生学习兴趣，唤醒学生已有的知识经验，揭示课题。

（二）第二环节：探究

1. 独立研习，探寻新知

活动一：辨一辨，初步认识人民币

师：真厉害！你们是怎么快速又准确地辨认的呢？

生分享自己的方法。

师：同学们真会观察，通过数字和单位确实能快速准确地辨认人民币。这是我国的第五版人民币，请同学们拿出小组合作设计的"第六版人民币"，我们一起看看大家都有些什么创意吧。

【设计意图】新课标对本主题活动的目标和要求之一：能清晰表达和交流信息。设计抢答人民币面值活动，提高学生学习的积极性，增强学生学习自信心，让学生在快速准确辨认人民币的基础上完整表达人民币的面值，感受货币的量感，有效达成学习目标。

2. 同伴研讨，探究解惑

活动二：介绍团队创意，感受人民币的文化内涵

展示具有代表性的作品，邀请小组代表进行介绍，其他同学观察欣赏，进行全班交流、评价和建议，教师适时评价点拨。

师：这么漂亮又有意义的设计，真希望以后能用上。同学们，这些小小的纸币学问可真不少，它不仅能满足我们购物交易的需求，还是我们国家的象征，承载着我国独有的文化。我们应该爱护人民币，不能随意损坏它。

【设计意图】本环节的巧妙加入承担和达成了美育教育的目标,让学生在分享创意设计的"第六版人民币"的基础上,认识感知人民币元素的多样性和必要性,在介绍、观察、整合中,认识不同面额的人民币,感受人民币设计中所蕴含的图与形、色与彩、文化价值、符号价值和艺术价值,感受人民币丰富的中华独有的文化内涵,渗透热爱祖国、爱惜人民币的德育教育,进一步培养了学生的表达能力和创新意识,发扬新时代的主人翁精神,让跨学科主题学习真正落地,为"怎样培养人"作出了积极的思考与探索。

活动三:释疑真实问题,认识人民币的数学价值

(1)认识人民币的币种设置。

师:关于人民币你还想了解什么?或者有什么疑问?

预设1:我想知道人民币为什么只有100元,没有200元?

师:这是个好问题,同学们看看样币里有没有200元的面值呀?那如果购物时要支付200元怎么办?

学生小组合作一起寻找支付200元的方法,全班分享交流。

师:大家找到了这么多不同的方法支付200元,真棒!虽然没有200元面额的人民币,但我们可以用其他面值凑成200元。这些方法中你认为哪种最简便呢?

预设2:我想知道为什么只有1元、2元、5元,怎么没有3元、4元、6元?

生发表自己的想法。

师小结:1,2,5很重要,它们相加组合就能获得其他数了,国家发行这三种面额的人民币既可以让付钱更简便,还可以减少发行成本。

(2)认识人民币单位之间的进率。

师:"凑"是个好办法!我买的橡皮擦3元,怎么付钱?

生分享支付方法,在多种方法中引出1元=10角,1角=10分。

师小结:看来,不管是几百元、几十元、几元还是几角,都能用已有的人民币面值1,2,5组合得到。同学们真会思考,把生活经验转化成了我们的数学知识。

教师借助计数器打通数与量知识间的内在联系,借助让学生拨算珠体会"元、角、分"作为人民币单位也满足"满十进一"规则。

（3）释疑其他问题，丰富对人民币的认识。

预设3：为什么人民币没有其他形状？

预设4：已经有5角的硬币了，为什么还要生产5角的纸币？

预设5：人民币以后会发展成什么样子？

……

师生小结：人民币在我们生活中必不可少，人民币可以用来标注商品的价值，有着价值尺度的职能；人民币还能用来购买商品，有着流通的职能；人民币还可以用来支付工资、缴纳税款等，有着支付的职能。这都是人民币的作用！（板书：作用）

【设计意图】由开放性的谈话引入，激发学生的探究兴趣。鼓励和引导学生表达自己的想法，在解决问题的过程中夯实学生对货币单位换算关系的理解，引导学生分别从买方和卖方的角度进行思考，积累使用货币的经验，解决简单的实际问题，初步形成金融素养。

3. 团队研述，探索提炼

活动四：讲述周总理和国库的故事，认识人民币的符号价值

播放视频周总理和国库的故事。提问学生："如果是你，你会怎么回答外国记者？"

学生观看后交流，鼓励学生课后查一查周总理的生平事迹，体会周总理的智慧。

师：如果现在有人问你"你有多少钱？"，你打算怎么有智慧又不失礼貌地回答他？

抽学生发言并评价学生的回答。

师生小结。

【设计意图】在深入认识人民币并了解人民币的作用后设计这样一个环节，既帮助学生体会领袖的智慧，引导学生对现在的人民币面值进行回顾，又通过名人的故事告诫学生有很多事物是比金钱更重要的。我们认为学习知识只是一方面，"培育什么样的人"更为重要，因此这一环节的设计和加入既巧妙也很有价值。

（三）第三环节：提升

实践任务，独立成功完成一次购物活动。

【实践任务】欢乐购物

　　小朋友，我们已经认识了人民币，了解到人民币的作用，让我们一起去体验购物的快乐吧！请任意选择一个学校（或住家）附近的购物场所，<u>独立成功完成一次购物，并把你的交易过程用自己喜欢的方式记录下来</u>（可以写一写、画一画、拍一拍等）。

　　【设计意图】落实劳动教育是新课标提出的对学生的培养要求，如何去落实则是需要一步步思考和不断探索的。此作业设计不仅是对学生所学知识的巩固应用，更是发展学生素养的良好手段。

　　设计综合实践作业，让学生在乐学、善思、活用中，学得真实，学得有趣，学得快乐。让学生从班级到学校最后走出校园进行一次与社会的真实接触，是很有价值和意义的，能够培养学生适应未来的发展，使学生形成正确的价值观。

一课一深研

问题一：如何帮助学生理解人民币单位之间的进率？

　　借助计数器打通数与量知识间的内在联系，计数器上"百、十、个"与人民币中"元、角、分"一一对应，在学生已有的"满十进一"经验上，再让学生通过计数器直观感受"百位、十位、个位"转化成"元、角、分"，借助拨算珠体会"元、角、分"作为人民币单位仍满足"满十进一"规则，夯实学生对"元、角、分"单位换算知识的掌握，加深学生对十进制的理解。借助模拟购物的真实情境让学生经历付钱、找零，体会货币单位的换算，感受当"元"不能支付时需要更小的"角"来支付。通过对两个环节的体验，学生能更深刻地体会到人民币面值的大小就是人民币单位个数的累加，掌握1元=10角，1角=10分。

问题二：如何用跨学科融合的方法来促进学生对数学知识的理解？

《义务教育课程方案（2022年版）》中提出："设立跨学科主题学习活动，加强学科间相互关联，带动课程综合化实施，强化实践性要求。"跨学科主题学习主要是学生在实际情境和真实问题中运用数学和其他学科的知识与方法，经历发现问题、提出问题、分析问题、解决问题的过程，感悟数学知识之间、数学与其他学科知识之间、数学与科学技术和社会生活之间的联系，积累活动经验，感悟思想方法，形成和发展模型意识、创新意识，提高解决实际问题的能力，形成和发展核心素养。

在第一课时《货币的起源》中，我们注重让学生了解我国货币的发展史，体会货币产生的必要性，从中国货币发展史的脉络中，感受中华文化的博大精深，树立文化自信和民族自豪感，丰富学生对我国历史文化的认识，增强学生的爱国情怀。

教学中教师关注学生的经验与兴趣，让学生通过物物交换的实践活动体会货币的产生是源于真实需求和公平性，使抽象的数学知识具有丰富的现实背景，为学生的数学学习提供了主动求知的材料与环境。再现货币的发展历程，通过观看货币发展史的视频，学生既能将货币演变的必然过程思考清楚也能表达清楚，充分展示了数学与历史学科融合的优势，让学生感受货币的诞生与社会发展的需要和人类生活的需求密不可分，课后学生在搜集整理中领悟各版人民币图案设计的意义，教师在此基础上组织学生讨论人民币设计的要素，让学生小组合作创意设计"第六版人民币"。学生结合已有经验，发挥想象创意设计不同面值、图案多样的"第六版人民币"，再一次落实了跨学科主题学习的内容和要求。

第二课时分享第六版人民币的创意设计，学生介绍、观察、整合，认识不同面额的人民币，感受设计中所蕴含的图与形、色与彩，体会其艺术魅力、文化价值和使用价值，建立与美术学科的联系与融合；感受人民币丰富的中华文化内涵，渗透热爱祖国，爱惜人民币的德育教育，培养国家情怀。在跨学科主题学习中打破学科壁垒，将数学、货币史、美术的相关知识进行有机整合，使学科之间的"跨出"与"跨入"无缝衔接，实现了"跨出学科、跨越成长"的育人方式的变革。

问题三：如何培养学生的量感？

皮亚杰说："活动是认识的基础，智慧从动手开始。"在《欢乐购物街》教学中，教师应提供丰富的感知素材，让学生的认识从感性到理性，体会到人民币面值的大小就是人民币单位个数的累加，从十进制的角度认识人民币。

在购物实践活动中，引导学生使用不同面值的人民币，体会商品价值与人民币之间的对等关系，在付款找零的过程中掌握人民币的换算，丰富学生对人民币的感知，发展学生的量感。这样的综合实践主题活动有助于学生在实践学习中积累经验，在"悟"的过程中逐步形成和发展量感。

问题四：新课标核心素养下如何实现生本课堂？

1."真情境"——让主题引入具有连续性和驱动性

第一课时让学生在真实的物物交换活动中感受货币产生的必要性，在货币发展史中感受货币的价值；第二课时让学生在设计和介绍"第六版人民币"的过程中，认识人民币的文化价值、艺术价值和使用价值；第三课时让学生在真实的购物过程中，灵活使用人民币，掌握基本的支付方法，积累人民币的换算经验，将生活与数学紧密联系。

2."真问题"——让核心问题具有本质性和关联性

第二课时，在学生分享自己对人民币了解的基础上，教师通过追问"关于货币你还想知道什么？有哪些疑问？"引出核心问题：人民币面额为什么只有1，2，5，10这几个数字？如果购物时要支付200元怎么办？为什么人民币的硬币只有圆形，其他形状不好吗？

3."真开放"——让系列活动具有趣味性和可操性

第一课时物物交换，观影货币史，设计"第六版人民币"；第二课时抢答辨认第五版人民币，原创介绍"第六版人民币"，生生间和师生间的问题提出与解答；第三课时实景场地购买心仪物品。设计的活动都具有趣味性和可操性，让每一个学生都能真正参与其中。

4."真融合"——主题活动体现"跨学科"学习

在货币史的观影中，体会货币的产生与发展；在设计"第六版人民币"的活动中，感知数学抽象的数字符号与美术直观的构图设计融合，感受数学与生活、美术与生活的密切联系，体会"数学＋美术"学科融合带来的多元视角，感受一张张人民币所凝练的博大精深的中华文化，培养学生的创新能力和创新意识。

5."真评价"——多元方式体现"跨学科"的实效

在素养导向下，我们希望建立一个生生评价、自我评价、教师评价、家长评价和社区评价结合的多元评价方式，让"教—学—评"的一致性不再只是教师的单向评价，而是师生双向奔赴的评价。

一课一提升

共研共学，结伴成长

——《欢乐购物街》研习思考

赵　静　邛崃市下坝中心小学校

"跨学科主题学习"，熟悉而陌生，熟悉源于每次培训学习都会接触；陌生是从没能亲身完成一次跨学科主题教学实践。当我们团队初接任务时，我的内心是矛盾的，终于有机会参与一次跨学科主题教学了，但又害怕搞砸。

"一人行速，众人行远"，团队的力量是无限的。我们积极分工，确定由苟蜀清老师来执教《欢乐购物街》这一主题活动。我们积极学习与跨学科主题学习相关的理论知识。我们该怎样设计一堂生动而富有意义的跨学科主题活动呢？如何实现真问题引领教学？本课的问题从何而来？是全部由教师设定吗？如果这样进行教学，那我们"跨学科主题学习"的意义何在？以学生为主体的课堂如何实现？我们怎样解决这些矛盾呢？以怎样的模式呈现课堂？

从研读课标、教材、教参，到确立素养目标，苟老师结合我们的思考，完成初稿设计。针对杨老师对初稿提出的意见，确定把本课分成三课时：物物交换——货币的起源，认识货币——货币的作用，模拟购物——货币的使用，完成二稿的修改。通过活动帮助学生厘清货币产生的必要性，激发学生对《欢乐购物街》这个内容的学习兴趣。

磨课的经历是宝贵的，每一次磨课都是一次成长。当二稿修改完善后我们就尝试着磨课，但这次磨课没达到想要的效果，"跨学科"教学"如何跨"，是简单的学科拼接吗？不，杨老师说，跨学科教学不仅需要从数学学科"跨"出去，还要从其他学科"跨"回来，通过学科的整合教学来达到素养目标。思考清楚这些问题后，杨老师就一个环节一个环节地为我们改造整个主题活动方案。通过杨老师的指导，我们采用工作室"四重四建"的教学设计理念，以"三研三探"来引导学生的学习，以教学的"五真"满足不同层次学生的需求。就这样录出第一节视频课，苟老师贴近学生的教学，完成了团队对本课的构想，但忽视了个别细节。有了第一次录课的经验，这一次我们从细节出发，寻找更完美的课堂。

理，越辩越明；课堂，因辩而精彩。如何清楚、全面地理解本课？杨老师从不同视角，让我们来辨明《欢乐购物街》主题教学活动，通过这样的思考我对跨学科教学的认识更深刻，思路更清晰，在辩中做到有理可循、有据可依。

学习和反思是成长的基础，本次跨学科主题活动促使我不断学习、反思，让我能够更好地面对未知和挑战。

跨出学科，跨出成长

——《欢乐购物街》研习思考

刘　敏　彭州市九尺小学

我很幸运和伙伴们一起代表成都市常青树计划杨薪意学术导师工作室参加了全国名师工作室数学设计与课堂展示"跨学科主题学习"活动，我们以二年级上册《欢乐购物街》为研究课例，齐心协力，共同研讨，过程虽磨人，但我对数学教学的理解和感悟丰富了，也获得了成长和发展。

《欢乐购物街》一课要求学生在实际情境中了解认识人民币，能进行简单的单位换算，了解货币的意义与发展史，培养勤俭节约的意识，形成初步的金融素养。我们确定好教学目标就同执教老师共同钻研教材、学习优秀课例。第一稿初步形成时，自我感觉挺不错！但第一次试教后，大家一致认为整堂课没有脱离传统的教学模式，跨学科环节有点"蜻蜓点水"。那该怎么办？修改！

团队成员在杨老师的带领下再次开展教研，进入研课磨课阶段。从引入部分入手，思考每一个环节如何开展，一步步地推敲，梳理出框架。比如引入环节，将学生清点人民币的活动修改成让学生在欣赏贝币、金属币、交子，并在前五版人民币的基础上设计一套"第六版人民币"。这样的任务驱动大大激发了学生兴趣。我们就这样研究每个环节，细化到每一字每一句，教师的每一个指令也都要清晰明确，这样循循善诱地帮助学生理解、思考。成员毫无保留，大胆地说出自己的想法，指出苟老师课堂中需要改进的地方以及教学细节上的不足。

苟老师在大家的帮助下对教案和课件不断修改调整，进行了第二次试教。这一次呈现的课堂改变了传统教学中由教师介绍人民币的教学方式，学生通过主动观察自创"第六版人民币"，发现人民币所蕴含的祖国灿烂的文化，感受人民币所特有的图与形、色与彩的文化价值和艺术价值。如此，跨出数学，跨入美术这一环节处理得游刃有余，恰到好处！妙！

通过这一次次的磨课，我意识到自身还存在着很多的不足和困惑。比如，专业知识有待进一步提高，对教材挖掘理解不够，引导学生思考的活动设计较少，对学生学习方法指导较少，课堂驾驭能力、应变能力不强等等。

在一次次的试教、反思、修改、磨炼中，我们有困惑和痛苦，有顿悟和快乐，我也在"磨课"中获得了成长。

学习和反思，才能生出飞翔的翅膀

——《欢乐购物街》研习思考

周 瑶 成都市新津区方兴小学

苏霍姆林斯基说过："读书不是为了应付明天的课，而是出自内心的需要和对知识的渴求。"我们追随杨老师的足迹，不是为了应付课，而是为了遇见更好的自己！

初接任务时，内心激动忐忑，担心做不好，又觉得这是一个目标明确，可以认真学习、深入研讨的好契机！"跨学科""学科融合""主题式"……这些词我们并不陌生，"对话名师"活动邀请的专家也对之进行了解读，但自己缺少实践研究，此次以赛促研正当时！快速确定执教后，大家忙碌之余投入了"跨学科"主题教学的学习中。但世界上哪儿有一本书或资料能够让我们一看就明白？学完资料大伙儿结合自己对"跨学科"的理解，虽然完成了课例第一稿，但磨课时就发现没有厘清学科间的联系，把"跨学科"做成了学科拼接。我们惭愧地发现虽看了资料但在本课设计中依然没厘清《欢乐购物街》的跨学科究竟如何"跨"，"跨"到什么程度，如何无痕衔接让"跨"在学科融合中自然生成！

既然不清楚，那就再学习，有学习必定就有思考！怎么跨？为什么跨？跨与不跨有何不同？跨的效果如何？带着问题，我们再次学习。"独学而无友，则孤陋寡闻。"我们自学的同时也主动请教优秀的同事、伙伴，更有杨老师的耐心指导，我们学习的单位由个人变成了团体。我们有疑问就共同研讨，杨老师总会让我们先思考，听听我们的想法再给出她的建议和指导，这样的团体互助学习推动着我们的发展精进。

问题多不可怕，只要我们愿意面对和积极应对，总会好起来。结合杨老师的意见和建议，我们厘清了到底哪些学科"跨"，环节之间如何过渡，以及怎样立足本学科去跨学科并实现学科融合。借助杨老师的教育智慧，我们反思课例的每一个环节，勇于挑"刺"，多角度去分析思考，通过亲自试教修改优化课例设计。我们耐住性子，摒弃浮躁，一点一滴地积累，寻求量变到质变的突破。

经历一次次的阅读、研讨、修改，我们对"跨学科"的理解越来越清晰；我们修改整理文字材料，力图让这些字符表达我们的思考；我们调整教案设计，让"跨"彰显，突出跨学科学习对孩子成长的助力。虽然上传网站的稿件只有三版，但我们的思考并不止步于这三版，我们在杨老师的指导下，在努力自学、互学中超越自我。过程虽不易，却也甘之如饴！

"思广则能活，思活则能深，思深则能透，思透则能明"。在这次"跨学科"主题研究中，我深切感受到：教师要因"困"而学，不能在自己存疑的时候得过且过；还要因学而知不足，促使自己去深研反思；更要身体力行，不能只想不做！有良师指引是我们的幸运，但付诸行动主动学习和反思才能获得提升。我相信，只要我们认准方向，跟随杨老师的脚步不停地走下去，就能插上翅膀翱翔于教育的蓝天！

思路由磨砺而清晰，教学因经历而相长

——《欢乐购物街》研习思考

苟蜀清　成都市郫都区犀浦小学校

人需在事上磨炼，越是艰难处，越是成长突破的最佳时机。第一次团队做课，虽说过程很"磨人"，但我走出了"舒适圈"，突破了瓶颈，走到更高的学习平台，抓住专业成长的机会，迈出了教育生涯的一大步。

接到任务后我们快速组成了四人小组，紧锣密鼓地商定课题，最后我们决定以"欢乐购物街"为主题来展开探究之路。不同于以前的课，这是一节在新课标理念下的跨学科主题活动课，我只知道不能按以前的老办法上，但又束手无策，无从下手，不知道怎样来定义这节主题活动课。它和以前的教学有何区别？该制定怎样的教学目标？怎样呈现出好的教学效果？此时团队的伙伴出谋划策，给出很多意见，我也认真阅读新课标、教材和教参，寻找关于"欢乐购物街"的有关视频，进行自我梳理，理出教学流程，整理出教学设计第一版。但第一版不尽如人意，杨老师问了我几个问题：如何理解跨学科？和谁跨？怎么跨？跨学科和不跨学科有什么区别？跨学科后有什么好处？我带着这些问题再次对跨学科部分仔细斟酌，句句细想，理解这个融入数学知识的主题活动课和过去相比的变化和联系，理解跨学科的目标和目的，理解编者的意图。跨学科主题活动需要"开放性问题与全局性理解相伴而生"，让"值得学习和已经习得的知识"在现实生活中达到融会贯通，这才是跨学科主题活动目的所在。我结合学生关于人民币认识的小调查情况，思考如何让学生将结构性的数学知识和日常生活经验加以整合与联系。在此基础上第二稿出炉，但在随后的试讲中，大家发现，虽然在课上确实有美术的应用，却有"为跨而用"的嫌疑，没有凸显跨学科主题学习的优势，从学生的学习效果也不能看出跨学科主题学习对学生掌握核心知识、发展学科素养有何帮助。

　　由于地理原因，大家虽不能聚在一起讨论研究，但我们团队工作群的讨论如火如荼，我将课堂实录传到群里，团队伙伴和杨老师通过视频，对每个环节进行仔细分析研究。研讨发现，学生虽然掌握了人民币的符号价值和使用价值，但由于没有自然地融入跨学科知识，学生难以体会到人民币的艺术价值和文化价值，素养的真正落地并没有通过这样的"跨学科"主题学习被实现。在团队的头脑风暴和杨薪意老师的指点下，第三稿形成。第一课时设计了货币的起源，第二课时认识人民币，第三课时应用人民币，这就有机地形成了一个数学主题，并以这个主题为主线，按照学生的认知规律，以学生喜闻乐见的场景为背景，以数学问题为切入点，以寻求解决问题的途径与方法展开数学活动。

　　回想这次经历，从组队、构思、磨课、讨论、重构，再到实践定稿、辩课，团队成员经历了多次磨课、录课，幸好一路的磨课都有团队的陪伴以及杨老师给予的帮助和鼓励。

参考文献

[1]武维民，张秋爽，等.跟吴正宪学教数学［M］.上海：华东师范大学出版社，2019.

[2]孙晓天，张丹.义务教育课程标准（2022年版）课例式解读小学数学［M］.北京：教育科学出版社，2022.

[3]中华人民共和国教育部.义务教育数学课程标准（2022年版）［S］.北京：北京师范大学出版社，2022.

素养导向下的综合与实践

——以《奥运中的数学》为例

杨薪意　　学术指导

邓文娟　　四川天府新区华阳实验小学

杨汝诚　　棠湖中学怡心实验学校

郑欣林　　四川天府新区麓湖小学

韦文涛　　四川天府新区永兴小学

一课一深思

一、课前思考

（一）对核心词的理解

数学是自然学科的重要基础，其应用渗透于现代社会的各方面，因而各版课标都强调将培养学生的数学应用意识作为重要目标，尤其2022年版课标特别提出重视跨学科应用。本课在解决比赛相关问题的过程中，旨在帮助学生理解体育现象，分析现象与图、式的关系，感悟解决问题，建立学科间的联系，升华应用意识。

（二）对这节课的教材的解读

《奥运中的数学》主要以综合运用知识，分析和解决真实情境中的问题为学习内容。教材以"奥运会"为主题，设置了三个比赛微情境，引导学生综合运用所学知识和解题策略，解决体育赛场上的数学问题，体会体育与数学的联系，进一步落实运算能力、应用意识、几何直观等核心素养。

田径赛场：通过课前问卷了解到，学生最喜欢的运动员是苏炳添，他是首位站上奥运会男子百米决赛跑道的中国人。所以将教材的情境略做修改，以激发学生的学习兴趣和积极性。

问题1：三位选手之间分别相差多少秒？提高多少？通过解决相差时间的问题，巩固小数减法竖式计算。明晰小数点对齐，注意进退位的算法，进一步理解算理。

问题2：哪幅微格图能够反映选手的冲刺情况呢？通过确定位置，将数的大小与图结合起来，构建知识间的联系。

射击赛场：这个情境中数学信息众多，部分学生出现阅读障碍，综合考量，我们将其往前调整，重点分析。

问题3：格贝维拉至少要打多少环才能获得冠军？面对繁而杂的数学信息，引导学生提炼核心知识，借助表格、线段图分析两人间的分数关系，进而综合应用小数加减法解决问题。整个环节既能实现几何直观、推理意识、应用意识、运算能力等核心素养的落实，又能在学科融合的情境、环环相扣的表达中增强学生的数学阅读能力。

滑冰赛场：基于课前调查，大部分学生喜欢滑冰运动，因此将教材上的跳水项目调整为滑冰。同时为了提升学生举一反三的能力，增加问题：隋文静、韩聪最后一跳至少得分多少才可以夺冠？与上一环节相互呼应，强调数学建模意识。

（三）对这节课的整体构思

1. 重视感知与识别，建立表象

在田径比赛情境中，以"对手成绩相差多少？""哪幅图能描述决赛冲刺情况？"两个核心问题，建立起学生对加减运算的本质、小数加减算法和算理、小数比较大小、图与数之间的联系等知识的初步回忆，进一步推进后续深度学习和高阶思维的生成。

2. 重视理解与创造，建立意蕴

在射击比赛情境中，数学信息量多而繁杂，以"格贝维拉至少需要打多少环才能获得冠军？"为核心问题，引导学生借助列表画图将二者10次射击成绩分组进行推理比较，而后转换视角，运用推理意识确定位置。让学生在感受此起彼伏的数据变化的同时联想你追我赶的赛场精神。

3. 重视推理与联想，建明内涵

在滑冰比赛情境中，以"隋文静、韩聪最后一跳至少得分多少才可以夺冠？"与上一环节交相呼应，举一反三。将大小比较、数据计算、关系算理等抽象知识在图中建构模型，使之得以具化，使学生数学建模意识有效提高，知识更具结构性和系统性。

4. 重视拓展与应用，建类表达

奥运会场上的比赛众多，所涉及的数学知识、思维也多样，请学生收集整理，分享交流汇报。

二、课堂实践

（一）第一环节：触发

视频呈现2008北京奥运会和2022北京冬奥会开幕式及精彩瞬间，激发学生思维的火花，激发学生学习热情。精彩画面感染着每一个学生，学生的爱国主义情怀得以升华，从而推进五育融合。

【设计意图】通过活动设计，渗透爱国主义教育。两届奥运会开幕式，展现了中国科技的美、中国人民的美、中国文化的美，德智体美在碰撞中相互融合，共进共美。

（二）第二环节：探究

1. 独立研习，探寻新知

课前学生对近几届的奥运获奖情况进行了独立研习，有上网查资料的，有到图书馆查阅资料的，有的还和家长一起研讨，学生由此完成了综合实践活动。这种活动是从学校到家庭，从课堂到生活的延伸，学生的亲身体验，使其开阔了视野，为其思维发展提供了支撑，并使其体会了数学知识的价值。

课中分享，学生的思维充分活动起来。视听结合的活动让学生能清晰地"说"，这一切都将他们的思维深度挖掘出来，为课堂教学提供了更为丰富的生成资源，学生的认识活动由感性向理性飞跃，思维更具逻辑性。

【设计意图】2022版数学课程标准指出，能结合自己的兴趣，确定所要研究的关于体育的内容与范围；会查找相关资料，提出有价值的数学问题。独特的奥运主题，易于激发学生思维的火花，使学生在独立研习中得出结论，思维更具有逻辑性，智育得以发展。同时，对奥运知识的学习，可以提高学生体育文化素养。

2. 同伴研讨，探究解惑

以生为本的课堂，需要学习对象认真研究和理解学习内容，大胆地提出自己的疑问，并根据自己提出的疑问，对问题进行深入思考，在一系列的推理中找出答案，并不断修正自己的想法，让自我得以提高。

田径赛场涉及了小数的加减法运算。首先把苏炳添的精彩表现剪辑成微视频让学生观看。引发学生共鸣，让学生能够勇于提出自己的疑问，在课堂上质疑、解疑。充分调动学生学习的欲望，让学生进行思考、回馈、振荡，学生的批判性等高阶思维能力才会得以提升。

带着疑问，学生独立研习后进行了激烈的小组辩论，最后一致决定，找出三位选手之间分别相差多少秒，将苏炳添、罗尼·贝克、雅各布斯三人的成绩与对图的分析联系起来，从直观上体会三人成绩之间的关系，感受知识间的联系。这两幅图反映的运动员之间的速度关系有什么不同？学生在同伴研讨中解决了疑惑：三人的成绩都相差不大，用时越少跑得越快，用时越多跑得越慢，罗尼·贝克只比苏炳添慢了千分之二秒屈居次席，几乎一起撞线，所以应是左图反映了最后冲刺的画面。学生在不断地思索、质疑、解疑的过程中，学会用数据分析帮助判断。

有学生提出：苏炳添什么时候首次突破10秒的呢？"苏炳添首次突破10秒是在2015年国际田联男子100米钻石联赛，当时他的成绩是9秒99，他是首位在历史上突破10秒的黄种人。今天，他的成绩是9秒83，创造了新的纪录，那他成绩提高了多少秒？"在解惑的过程中，学生自发地完成小数加减法练习。本课通过对时间差的比较，还原了比赛场景，让学生体会了大数据对于体育训练的巨大作用。大数据离不开精准的计算，适时巩固小数加减法需要注意的事项。在团队研述中，梳理提炼计算方法，既提高了学生的计算能力又发展了学生的归纳能力，学生独立解决问题的能力诠释得淋漓尽致。

在熟悉的体育场景中解决数学问题，数学和体育有机结合，让数学学习真实可现，数学学习变得分外有趣。在不断地质疑、解疑的过程中，学生的批判性等高阶思维能力得以提高。

【设计意图】2022版数学课程标准指出，学生应在教师指导下，能与他人交流合作，运用数学或其他学科的知识解决问题；能积极参与小组间的交流，说明自己小组的问题解决过程，理解其他小组所解决的问题和问题解决的思路；感悟数学在体育中的作用，提高学习数学的兴趣。

3. 团队研述，探索提炼

综合实践课堂，在活动中打通"五育"边界，实现知识间的融合，学生应能以多维度、多角度地发现问题，提出数学问题，综合运用所学去分析问题、解决问题，在一系列的推理中探寻答案，形成和发展核心素养，实现"五育"的相互渗透，共进共美。

将核心知识转化成问题的形式呈现，引导学生观察发现，找寻关键信息，细化提炼后发现核心知识，分析知识间的关系，提出问题：格贝维拉至少要打多少环才能获得冠军？

学生充分思考、同伴间相互研讨交流，团队探索出不同的方法，用列表格、线段图、算一算分析两人之间的分数关系，进而解决问题。

方法1：通过比较两人各枪成绩来解决问题。前七枪比较下来郭文珺落后0.2环，前八枪落后0.8环，第九枪超出0.3环，累加后落后0.5环。第10枪郭文珺打出了10.8环，如果格贝维拉能打出10.3环就和郭文珺并列第一，因为射击如果出现并列第一需要加赛确定冠军，所以格贝维拉至少打10.4环才能获得冠军。

方法2：通过计算两人各自阶段的总成绩进行比较。第八枪和第九枪郭文珺共打出了20.2环，格贝维拉一共打出了20.5环，这两枪郭文珺落后0.3环。前七枪郭文珺落后0.2环，那么前九枪就共落后0.5环，因此，格贝维拉至少需打出10.4环。

方法3：通过抵消相同环数解决问题。郭文珺的第9枪和格贝维拉的第8枪环数相同都是10.4环，可以相互抵消，直接用郭文珺的第八枪和格贝维拉的第九枪做比较，郭文珺落后0.3环，前七枪郭文珺落后0.2环，累加后共落后0.5环，因此，格贝维拉至少需打出10.4环。（图10-1）

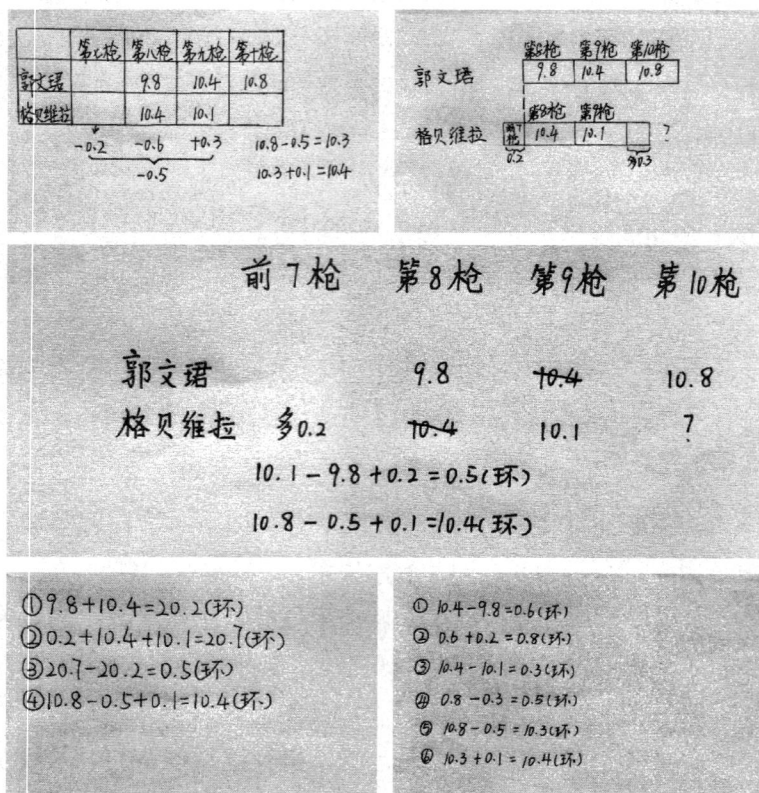

	第七枪	第八枪	第九枪	第十枪
郭文珺		9.8	10.4	10.8
格贝维拉		10.4	10.1	
		-0.2	-0.6	+0.3	10.8-0.5=10.3
			-0.5		10.3+0.1=10.4

	第8枪 第9枪 第10枪
郭文珺	9.8 10.4 10.8
格贝维拉	第8枪 第9枪

第8枪 10.4 第9枪 10.1 ?
0.2 至0.3

	前7枪	第8枪	第9枪	第10枪
郭文珺		9.8	10.4	10.8
格贝维拉	多0.2	10.4	10.1	?

$10.1-9.8+0.2=0.5$（环）

$10.8-0.5+0.1=10.4$（环）

① $9.8+10.4=20.2$（环）
② $0.2+10.4+10.1=20.7$（环）
③ $20.7-20.2=0.5$（环）
④ $10.8-0.5+0.1=10.4$（环）

① $10.4-9.8=0.6$（环）
② $0.6+0.2=0.8$（环）
③ $10.4-10.1=0.3$（环）
④ $0.8-0.3=0.5$（环）
⑤ $10.8-0.5=10.3$（环）
⑥ $10.3+0.1=10.4$（环）

图10-1

可以看出，学生的数感是比较强的。在真实的奥运场景中，数学和体育的有机结合，能让数学学习变得分外真实而有趣，学生因此兴致勃勃地进行合理推算。在分析郭文珺和格贝维拉两人之间的分数关系时，学生思路清晰，环环相扣，推理能力得以提高。学生在不断地质疑解惑中，提高了分析数量关系的能力，计算能力也得以发展。学生探寻出不同思路解决问题，在不同问题策略的对比中，不断提高综合解决问题的能力，数学核心素养得以形成。同时，对中国选手的精彩表现，大家与有荣焉。"五育"在学生立场的融合被诠释得淋漓尽致。

现实生活本质上是复杂而多元的，学生所具备的核心素养也应是全面的。合理的数体融合，带给学生真实的体验，不知不觉中，小数加减法的训练得以完成，教师稍加点拨、总结，对知识点进行梳理，不知不觉中，就使学生数学建模意识得以提高，知识更具结构性和系统性，计算能力、推理能力也得以提升；在生生交流中，体验不断累积，学生提高了抽象概括能力；在知识的融会贯通中，学生的核心素养得以形成；在不断的碰撞中，学生创造性地分析问题、解决问题，实现知识的二次重构，思维的灵活性和实践性不断得到提高。以上都有助于学生成为德、智、体、美、劳全面发展的社会主义建设者和接班人。

【设计意图】2022版数学课程标准指出，学生将在实际情境和真实问题中，运用数学和其他学科的知识与方法，经历发现问题、提出问题、分析问题、解决问题的过程，感悟数学知识之间、数学与其他学科知识之间、数学与科学技术及社会生活之间的联系，积累活动经验，感悟思想方法，形成和发展模型意识、创新意识，提高解决实际问题的能力，形成和发展核心素养。

（三）第三环节：提升

2022冬奥会花样滑冰双人赛场，隋文静、韩聪以领先第二名0.16分的优势进入自由决赛，世锦赛冠军米希娜、加里亚莫夫落后第二名1.49分。米希娜组合在自由滑中得分154.95分，塔拉索娃组合得分155分，隋文静、韩聪最后一跳至少得分多少才可以夺冠？隋文静、韩聪最后自由滑得分155.47，他们的总分高于第二名多少分？

学生运用学到的解决问题的策略，解决花样滑冰中的数学问题，突出数学应用价值。

【设计意图】2022版数学课程标准指出，学生将面对现实的背景，从数学的角度发现并提出问题，综合运用数学和其他学科的知识与方法，分析并解决问题。

一课一深研

问题一：奥运会中隐藏着哪些数学知识？

奥运比赛是全球范围内最大的体育盛事，奥运会中用到的数学知识，可以让学生更深入地理解数学的实际应用意义，并将其与日常生活联系起来；可以激发学生对学习的兴趣，将数学与学生喜欢的体育活动相结合，增加学生的参与度和主动性；可以促进学生的跨学科思维能力的发展。学生不仅需要运用数学知识解决问题，还需要结合体育的技能和策略进行分析和决策。

数学在奥运比赛中发挥着重要的作用。比如，许多项目都有自己独特的计分系统，其中使用了数学算法和公式，如击剑、体操、滑雪、射箭等项目的计分都依赖于数学模型和规则；运动员在奥运会上的表现可以通过统计和数据分析进行量化评估，运动数据如速度、距离、时间、角度等可以通过数学方法进行处理和解释；奥运会的场馆和设施需要经过精确的测量和设计，建筑师和工程师需要应用几何学、力学和其他数学原理来确保场馆的稳定性和安全性；训练过程中的时间安排、强度分配以及训练效果的评估都涉及数学，如运动员可能需要根据训练计划来控制心率、速度和训练间隔，以实现最佳的训练效果。

在课前，学生将搜集与调查奥运会中相关的数学知识。此核心问题具有开放性、实践性和综合性。学生需要经历数学信息的收集整理过程，并进行信息提取和数据处理。学生将阅读不同的奥运会信息，深刻体会数学与生活的密切联系。

问题二：田径比赛中隐藏着什么数学问题？

田径与数学之间存在着紧密的联系，数学在计时、速度、距离、得分和排名等方面都有应用。本课初步对奥运会中的众多数学信息进行归纳总结之后，提出第二个核心问题：田径比赛中隐藏着什么数学问题？以此为背景，带领学生运用所学习的小数的大小比较以及小数加减运算来解决问题。

在刚过去的第32届东京奥运会中，中国队的苏炳添无疑是热门选手，也是不少小学生心中的"偶像"。通过表格中的数据展示三位运动员的比赛成绩：苏炳添9.83秒、罗尼·贝克9.83秒、雅各布斯9.84秒。学生需要调动小数的加减运算知识、推理意识进行问题的解决，对比找到描述决赛冲刺的照片。学生发现，苏炳添和罗尼·贝克成绩都是9.83秒，因此处于同一水平位置，而雅各布斯9.84秒大于苏炳添和罗尼·贝克的9.83秒，因此会处于他们身后的位置，因此选择第一幅图。

本课通过及时捕捉并运用奥运信息，结合四年级学生已有的学习经验，提高学生用数学知识解决实际问题的能力。苏炳添突破10秒是在2015年国际田联男子100米钻石联赛，当时他的成绩是9秒99，他是历史上首位男子100米跑突破10秒的黄种人。今天，他的成绩是9秒83，创造了新的纪录。学生在解决问题的过程中，觉得十分有趣，参与性和积极性很强，并主动进行探索和思考。

问题三：如何计算射击比赛的成绩？

射击比赛成绩的计算通常涉及一系列数学运算和统计方法。比如，在射击比赛中，运动员进行多轮射击，每轮完成后会有相应的得分。计算成绩时需要将每轮的得分相加，得到总成绩。除了计算总成绩，还可以计算平均分来评估运动员的表现，平均分是总成绩除以射击的轮数。因此本课核心问题三聚焦于计算射击比赛的成绩。

给出两名射击选手前面7环的差值，然后出示第8、第9环的成绩，引发学生思考。问题一：第9环之后郭文珺落后格贝维拉几环？问题二：第10枪郭文珺打出了10.8环，格贝维拉至少需要打多少环才能获得冠军？问题三：格贝维拉第10枪的成绩是8.8环，两人总成绩相差了多少环？三个问题层层递进，在解决问题的过程中调动学生的积极性，提升学生解决问题的能力。

学生先通过自学提纲，独立完成学习单，思考问题一：如何算出九环之后的分差？有些学生可以用列表格的方法来分析，郭文珺前7枪的总环数不知道，我用x环表示，则格贝维拉前7枪的总环数就是（$x+0.2$）环，后面接着写上她们第8枪和第9枪的成绩；有些同学画的是线段图，先画出郭文珺第8枪和第9枪的环数，再在下面画出格贝维拉的环数，先画0.2环，再画第8枪和第9枪的环数。最后学生发现郭文珺的第9枪和格贝维拉的第8枪环数相同都是10.4环，相互抵消之后，只需要用10.1-9.8+0.2=0.5（环）。

对于问题二：第10枪郭文珺打出了10.8环，格贝维拉至少需要打多少环才能获得冠军？学生发现格贝维拉领先郭文珺0.5环，因此只需要10.8-0.5+0.1=10.4（环）即可获胜。问题三：格贝维拉第10枪的成绩是8.8环，两人总成绩相差了多少环？学生1列式：10.8-8.8=2（环），2-0.5=1.5（环）。学生2列式：10.3-8.8=1.5（环）。多种方法计算出了两人的分差。

学生通过画线段图、列表、列式等方式，体会解决问题策略的多样性，不断完善自己的思考过程，最后反思容易出错的地方，进行归纳和总结，体会数据较多、数量关系较复杂的时候可以借助表格和画图的方法分析问题，提升综合解决问题的能力。

一课一提升

素养导向下的综合实践思考

——《奥运中的数学》研习思考

邓文娟　四川天府新区华阳实验小学

综合实践课程是跨学科实践课程，是一门培养学生综合素质的课程，它通过找寻学科交叉点，弥合知识间的分割性，将各个知识点串联成一个系统的网络，焕发学科生命力，体现了"五育"融合的育人理念，让学生运用所学创造性地解决问题，为"五育"融合探索突破口。

如何实现"五育"有效和谐地融合，实现课程结构综合化，增强知识的立体感，构建高质量的学习，形成和发展学生的核心素养？我在设计《奥运中的数学》时做了如下工作。

课前利用问卷星进行问卷调查，对学生的学习经验、知识储备等进行了分析。结合学生学情的特点，本课的教学设计做了一些调整：100米短跑、花样滑冰、跳水、射击几项运动最受学生欢迎，再结合综合运用小数运算、观察物体、估算、周期等数学知识点，以及本课的切入点"双奥之城"，本节课教学内容选择苏炳添的"飞人"大战，隋文静、韩聪的花样滑冰，郭文珺的射击三项运动。而学生最熟悉的苏炳添放在了第一个环节，学生易于接受，开展数学活动，体会数学与体育之间的联系，渗透爱国教育，推进"五育"融合，促进共进共美。

课中，学生在真实的"五育"融合情境中进行学习与反思，有代入感，理解更深刻，在不断地推理中，将具体的学习过程上升为他们的数学活动经验。

学生从变化的复杂现象中发现不变的本质，感悟总结其中蕴涵的数学思想方法，既厘清了问题的联系，也明白了它们之间的区别，认识更清晰，现有的认知结构也能得到完善和优化，有助于方法之间的融会贯通，凸显数学思想方法的价值。同时，本课渗透了"变与不变"的辩证思想，学生高阶思维能力得以培养，获得了有高度的数学体验，发展了数学核心素养。

课后对学生进行了"五育"融合综合素质评价。"五育"评价维度需要学生在实践活动中得以体现。就本课程而言，学生对"双奥之城"的自豪感，对中华民族文化的认同，是"德"育的表现指标；学生综合运用所学解决实际问题，数感、计算能力、逻辑推理能力等核心素养的形成与提高，是"智"育的表现指标；学生对奥运文化的调查了解，对奥运知识数学价值的发现、体育文化素养的提高，是"体"育的表现指标；学生对运动之美、科技之美、中国人民之美、中国文化之美的认同，是"美"育的表现指标；学生了解了奥运金牌是运动员的努力和汗水所换来的，就会理解自己学习的各种艰辛是在不断成长，加强了劳动观念的培养，是"劳"育的表现指标。"五育"融合的目标在实践中得以清晰而精准地落实，促进了学生核心素养的发展。

构建一个"五育"融合视域下的新型学习样态，促进学科间相互渗透与交叉，有机融合，整体融通，努力做到知行合一，这是一个不断实践深化的过程，也是一个大有希望的教学改革方向，值得我们努力去探索和发掘。

数学好玩应该怎么玩

——《奥运中的数学》研习思考

郑欣林　四川天府新区麓湖小学

《奥运中的数学》在开课的时候，学生十分兴奋，谈论着2022年结束的冬奥会，苏炳添是跑得最快的中国选手，那种洋溢在脸上的自豪和激动，是在平时数学课情境中难以看到的，给我的触动比较大。越是真实的情境，越能够引起学生共鸣。我们需要运用数学解决的问题，不只是教科书上呈现的问题，还可以是现实生活中的真实问题。

在观看邓老师的课的时候，我印象特别深刻的一幕是邓老师提出的一个问题：格贝维拉至少要打多少环才能获得冠军？学生的积极性非常高，虽然这个问题的背景很复杂，但是学生通过自己的思考之后，发现了抵消相同环数计算的方法，比较不同阶段的成绩方法，比较各枪的成绩的方法……这种可以通过多种策略解决的复杂问题，对于学生而言有一定的挑战性。学生在解决问题的过程中有独立思考和与同伴的交流，最后完成问题时，学生的喜悦之情溢于言表，并对接下来要解决的问题跃跃欲试，非常期待。

这次课之后，我对《数学好玩》有了新的认识。《数学好玩》往往是基于真实情境设计的一些数学活动、数学实验或者跨学科的内容，学生在这些活动中能够积极地参与，主动地探究，这样的过程是宝贵的。学生在这样的课堂上表现是积极的、热烈的，他们能够更加深刻地感受数学不再是单调枯燥的计算，而是丰富多彩的，是"有用"的。对于教师来说，《数学好玩》这个部分不仅不应该忽视，还应该重视其中的内容，这是学生了解数学的一扇新窗户。透过这个窗户，学生可以看到与平时不一样的数学面貌，那是更接近真实生活的数学内容。在这些真实情境背景下，问题是复杂的，需要调动学生已有的数学知识和技能，培养他们的合作能力、推理意识、质疑精神，激发学生的学习兴趣，真正做到数学"好玩"。

探索跨主题学习，践行新课标

——《奥运中的数学》研习思考

杨汝诚　棠湖中学怡心实验学校

《奥运中的数学》一课是学生在学习了小数加减法和小数乘法的基础上进行教学的，本节课是一节综合应用课，它以"奥运会"为主题，引导学生综合运用所学的知识和方法解决奥运赛场有关的数学问题。

邓文娟老师所执教的《奥运中的数学》是一节综合与实践应用课。课中通过对奥运主题的营造、规则解读、信息加工等一系列方式，充分利用生活中的素材，开展数学活动，巧妙引导学生对问题进行深入思考，并综合运用小数运算、观察物体等知识解决奥运赛场上的实际问题，体会数学应用的价值，培养学生用数学的眼光发现和提出问题。

为了解学生真实水平，找到学生学习的障碍点，我们安排学生进行了前测性学习。通过整理发现，学生小数加减法掌握较好，错误主要出现在以下几个环节：①对田径赛场根据比赛成绩判断冲刺画面理解有误。②对射击比赛格贝维拉至少需要打多少环才能获得冠军理解困难。

我的思考：①田径赛场根据比赛成绩判断冲刺画面时，学生需要将表中的数据和图建立联系，明白成绩差与距离之间的关系，知道时间越短，跑得越快，从而作出正确的判断。②后一个问题主要是学生对比赛规则的不了解造成的。比如，跳水比赛以全部动作完成后的得分总和评定成绩，总分高者名次列前；射击比赛最高环数是10.9环，并且允许有并列第一名；等等。这种由于学生对于问题情境不熟悉产生的错误，可以借助对比赛规则的解读，为学生扫清障碍。

《义务教育数学课程标准（2022年版）》明确指出，数学不仅是运算和推理的工具，还是表达和交流的语言。运用线段图这种几何直观的方式来描述和分析问题是数学语言的一种表达，本课在让学生养成用图形符号语言的直观方法来分析问题、解决问题的习惯，在渗透"数形结合"的数学思想的同时，发展了学生的数学表达能力，进而提升了学生数学思维能力，落实了对学生核心素养的培养。

在本节课中，我们有意识地引导学生通过画图把复杂的语言陈述、抽象的数量关系通过直观的几何图形表示出来，使之直观化、简洁化。帮助学生找到解决问题的思路，降低数学抽象的难度。课堂上，学生两种不同的线段图，反映了学生两个不同层次的数学抽象能力。一条线段的图是三条线段图的进一步抽象、简化。学生根据自己的理解能力，画出符合自我认知水平的图，画图的过程也是对数学问题分析、理解、内化的过程。

一次磨课，一次思考，一次成长

——《奥运中的数学》研习思考

韦文涛　四川天府新区永兴小学

王崧舟老师说："'磨'课千遍也不厌倦。"我想，教育者对这句话一定都会有共鸣。因为"磨"就是学，"磨"就是悟，"磨"就是扬长避短，"磨"更是教学思考。身处其中，你会深刻感受到成长的快乐！

（一）磨刀不误砍柴工

1. 选课的思考

《奥运中的数学》是一节实践活动课，它以奥运为主题，能够激发学生思维的火花，使学生能综合运用小数运算、观察物体等知识解决问题，同时让学生体会到数学的应用价值，体会数学和体育之间的联系，因而我们团队认为这一课是实现学科融合、培养应用意识、落实核心素养的良好载体。

2. 备学生，备课标，备教材

课题选好之后，我们深入研读，确定教学板块和方向，再交流讨论细化问题和语言。从课标上看，本课指向应用意识、运算能力、几何直观等核心素养，指向跨学科融合、真实情境的教学背景，指向学生自主提出问题、分析问题、互议互促、解决问题的学习方式。从教材上看，本课设计了田径、跳水、射击三个真实情境，实现知识、能力和素养的形成。但是从学生的调查中看出学生对教材中奥运情境和奥运选手不熟悉，恐怕教材难以激发学生的兴趣及思考，达不到预期目标。我们预想两个调整方向：一是尊重，提前带孩子们了解雅典奥运会和选手；二是略做修改，将背景改为"双奥之城"北京，再另选熟悉的赛场和选手，进行重组。通过试讲对比，发现第二个方向学生更易理解接受，更易激发学生思考。看来只有备课有突破，上课才有突破啊！

于漪老师说："一节课，教一辈子，要备一辈子。"我想就如《奥运中的数学》，我们要备的不是这一课，而是备一种意识，一种不断汲取新知识、新思想，努力构建自身完整认知体系的意识。

（二）树不修，不成材

在试讲的过程中，我感触最深的一个环节是：部分学生对于涉及比赛过多的数学信息，无法在短时间内进行有效的整理，出现思维障碍。当然有一些学生会自然想到借助"形"来分析复杂的数量关系。但这也暴露出学生在数学阅读能力方面的缺陷，也是我们应当努力的方向。

重视学生数学阅读能力的培养，是促进学生数学学习、发展思维、解决问题的基石和关键。然而目前大部分学生存在不同程度上的数学阅读障碍，如审题障碍，理解障碍，思维障碍等。因此在教学的过程当中，教师应该逐步帮助学生提高数学阅读的能力。比如，引导学生提炼核心问题，捕捉有用信息；重视方法指导，培养阅读能力；注重学生表达，设计高效追问，帮助学生理解素材。

参与本课的研讨，让我认识到关注信息的获取、学生的分析表达、教师的高效点拨，才能引导学生在真实情境中、在跨学科背景下，学会综合分析问题，解决问题。

参考文献

中华人民共和国教育部.义务教育数学课程标准（2022年版）［S］.北京：
　　北京师范大学出版社，2022.

第十一章

创新意识

创新意识主要是指主动尝试从日常生活、自然现象或科学情境中发现和提出有意义的数学问题。初步学会通过具体的实例，运用归纳和类比发现数学关系与规律，提出数学命题与猜想，并加以验证；勇于探索一些开放性的、非常规的实际问题与数学问题。创新意识有助于形成独立思考、敢于质疑的科学态度与理性精神。

——《义务教育数学课程标准（2022年版）》

推理基础上的创新意识培养

——以《包装的学问》为例

杨薪意　学术指导

杜雨蔓　成都市茶店子小学校

张照坤　成都市茶店子小学校

黄秋宇　成都市茶店子小学校清淳分校

王　梦　成都市茶店子小学校国宾分校

一课一深思

一、课前思考

（一）对核心词的理解

《包装的学问》一课的整体问题串设计体现了"发现问题—探讨思路—猜想验证—解决问题"的数学推理过程，学生在课堂中解决实际包装问题时经历了完整的思维闭环。注重在解决问题时，让学生感受创新优化方式解决问题的重要性。

（二）对这节课教材的解读

《包装的学问》是在学生已经掌握了长方体特征及表面积计算方法的基础上的进一步学习。本课以"怎样包装最节省包装纸？"为核心问题，分别探究了包装两个和四个相同长方体的方案。

在探究包装两盒长方体糖果的方案时，教材引导学生首先厘清解决问题的思路，再设计不同的包装方案，通过计算、观察、推理得出"重合面越大，越省纸"的结论。在探究包装四盒磁带的方案时，教材直接引导学生讨论包装方案，通过计算各种方法所需包装纸的大小，根据数据得出结论。

（三）对这节课教学的整体构思

本节课的设计突出培养学生从推理的角度来解决"包装问题"的意识，使学生通过推理过程的完整经历、体验理解、外显表达发展数学思维。

1. 重视感知与识别，建立表象

借助"包装抽纸"这一具体情境的创设，激发学生产生推理行为：一方面让学生在为不同数量抽纸设计最优包装方案的过程中，感知运用推理解决问题的必要性和便捷性；另一方面让学生借助生活经验，会用数学的眼光识别包装材料的用量和长方体的表面积有关，建立以"省材"为目标来设计抽纸包装的表象。

2. 重视理解与创造，建构意蕴

让学生经历关注"表面积"—聚焦"重合面"—理解"省材料"的过程，认识到随着抽纸数量由一到多的变化，观察包装对象的数学眼光也要发生变化，进而能创造性地通过比较减少的重合面来推理、筛选出"四包抽纸"的最优包装方案，建构"省材"的意蕴是要减少表面积。

3. 重视推理与联想，建明内涵

让学生经历"包装两包抽纸"的一一比较、"包装四包抽纸"的筛选比较、"两种方案对比"的精准比较的过程，体会比较方法的逐渐优化。同时，比较两种方案时（图11-1、图11-2），能理解简单的演绎推理过程，归纳最省材料的包装方案的特征，建明"省材"的内涵是既要尽可能地让大面重合，也要考虑让重合面的数量更多。

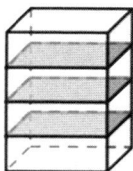 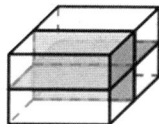

图11-1　　　　　图11-2

4. 重视拓展与应用，建类表达

抓住"省材"，引发学生关于"数学包装"与"生活包装"的冲突，借助微视频呈现抽纸在生产车间的包装过程，以及遴选分析生活中的不同包装，让学生主动调用多学科知识和生活经验来全面思考包装问题，拓展对包装问题的认识，会迁移应用所学知识解决不同的包装问题。

二、课堂实践

（一）第一环节：触发

PPT出示问题：怎样租车最便宜？怎样烙饼最省时？

引导学生提炼出"优化"的关键步骤：多方案、比方案、选方案。

师出示常见抽纸，观察共识，抽纸都是用塑料包装。

师：今天我们的任务就是要为不同数量的抽纸盒设计出最优的包装方案，探一探包装里面蕴含了什么样的学问。（出示课题：包装的学问）

【设计意图】从学生熟悉的数学问题出发，唤醒学生优化意识，引导学生迁移运用已有的解决问题的经验，厘清本节课的研究路径。

（二）第二环节：探究（三研三探）

1.独立研习，探寻新知

探究一：你能设计出两包抽纸最优的包装方案吗？

师：包装一包抽纸需要多少材料，用数学的眼光来看，实际上是在研究它的什么？

生：表面积。

师：两包抽纸，你能设计出哪些不同的包装方案？

学生预设如图11-3所示。

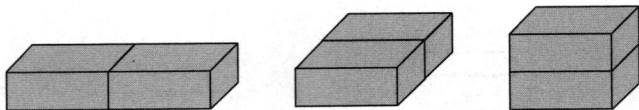

图11-3

师：如果你是老板，你会选择哪种方案？为什么？

生：第三种，因为当两个长方体拼在一起时，重合消失了两个面，表面积就会减少。重合的面越大，表面积减少得越多。

追问2："减少"了哪些部分？

生：两个重合面。（学生用手摸一摸）

师：把"省材"作为优化目标，可以减少塑料的使用，真是一位有环保意识的好老板！

【设计意图】从一包到两包抽纸的包装问题，学生有了数学眼光的转变，这为后续研究更多包抽纸的包装问题打下了良好的基础。对于本节课重点探究的内容之一——两包抽纸的包装问题，学生有足够的生活经验，可以不计算直接找到"重合大面最省材料"的最优方案。因此教师要尊重学生已有的经验，引导学生从推理的角度去挖掘知识的本质。

巩固练习：

师：你能快速设计出3包抽纸最优的包装方案吗？（学生用学具摆出来）

生：我是把所有大面重合，因为这样可以最省材料。

出示真实的3包抽纸（图11-4）。

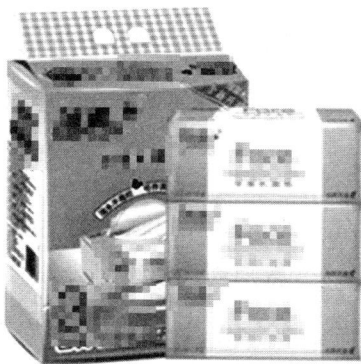

图11-4

师：看来老板确实和你们一样，把"省材"作为了一个重要的考虑因素。既然大家和老板的想法相同，那4包抽纸包装设计也交给你们了。

【设计意图】学生在包装3包抽纸时经历了"因为重合大面最省材料，所以应该把3包抽纸的大面重合"的推理过程，是对"重合大面最省材料"的一次巩固与运用，并且学生的包装设计与真实的包装一致，增强了学生的自信心，激发学生后续探究的兴趣。

2. 同伴研讨，探究解惑

探究二：你能设计出4包抽纸最优的包装方案吗？

小组合作：我们组的优化目标是：_____

【找方案】我们组的预选方案有哪些？（画一画）

【比方案】比一比，哪个方案最符合优化目标？（记录比较过程）

【选方案】我们组的终选方案是第（　　）个。

生1：我们认为方案一最省材料，因为重合了6个大面（图11-5）。

生2：我们的答案是方案二，因为这样减少了4个大面，4个中面（图11-6）。

生3：通过计算这两种方案的"表面积"或"减少的表面积"，我们得出方案二最省材。

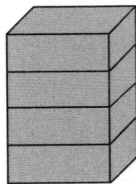
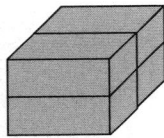

图11-5　　　　　　　图11-6

【设计意图】对于四包抽纸的包装问题，学生有"重合大面最省材料"的思维定式。为打破这种定式，教师创建了小组合作学习任务单，学生在借助学具推理、比较的过程中，选出以"省材"为目标的最优方案。

3.团队研述，探索提炼

生1：我们组是通过计算"表面积"或"减少的表面积"得到方案的。

共识：两种计算方法都可以，计算"减少的表面积"更简便。

师：选择更简便的方式，就是一种优化。

生2：我们组在找预选方案的时候，罗列了多种方法（图11-7）。

共识：有些方案是可以直接排除掉的。比如，第一排的3种方案里，第三种方案重合的面是大面，最省材；第二排的3种方案里，第一种重合的是4个小面和4个中面，第二种方案重合了4个大面和4个小面，第三种重合了4个大面和4个中面，所以第二排里第三种方案也是最省材的。

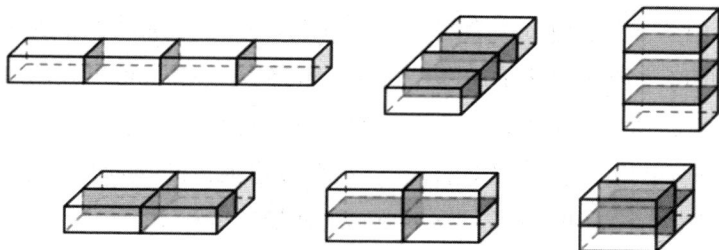

图11-7

师：看来，只需通过简单的推理，就能快速排除费材料一些方法。在节约材料的方案中，再做进一步优化。对于方案一——减少6个大面，方案二——减少4个大面+4个中面。你们能将比较的过程再优化吗？

共识

通过抵消：2个大面<4个中面。

进一步优化：1个大面<2个中面。

【设计意图】学生在汇报交流中体验了从"一一比较"到"筛选比较"再到"精准比较"的步步优化过程，不论是在比较方法的优化过程中还是具体的比较过程中，推理意识都扮演着重要的角色，都推动了学生推理意识的发展。

师：包装4包抽纸，为什么不是全部重合大面最省材料呢？

共识：想要节省材料，既要尽可能让大面重合，也要考虑让重合面的数量更多。

生：可以把4盒抽纸分为两个一组，每组最大面重合，这样就形成了一个新的长方体，形成了新的最大面，再把新长方体的最大面重合。（图11-8）

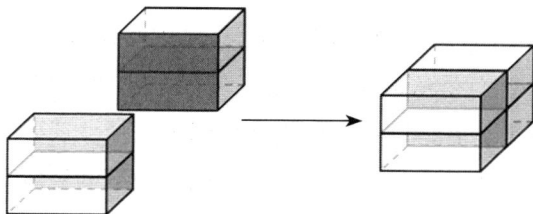

图11-8

【设计意图】大胆质疑"包装4包抽纸，为什么不是全部重合大面最省材料？"，及时对之前产生的思维定式进行反思，引导学生从多角度去思考，挖掘影响这种组合图形表面积的本质，通过空间想象与推理得出"两个中面组成了新的最大面，所以实际上还是重合大面最省材料"的结论。

师：任意4个相同的长方体这样摆，都是最省包装材料的情况吗？

生：包装4本数学书，就是把4本摆起来才最省材料。

【设计意图】学生结合数学推理与生活经验，对"怎样包装4个相同的长方体最省材料"一探到底，构建完整的知识体系。

（三）第三环节：提升

师：一起来看看老板最终选择了哪种方案？（图11-9）

为什么和大家的选择不一样呢？

图11-9

生1：老板选的方案手提更加方便。

生2：老板选的方案前面特别的大，可以让广告宣传更醒目。

生3：老板选的方案更方便在超市货架摆放。

师：看来同学们的思维已经跨出了数学，考虑问题的角度也变广阔了。

师：刚才，同学们是从数学的角度研究了"怎样包装最省材料"，但是包装的学问不止于此，不能只凭一个优化目标去选择，还要考虑到顾客携带方便、货架摆放方便、生产过程方便。（播放包装抽纸的视频，展示抽纸被机器"推"进包装袋里，了解抽纸的包装过程）

师：通过研究抽纸的包装问题，我们知道，在解决生活实际问题的时候，不能仅用单一学科的知识去解决，而是要调动自己所有学科的知识经验和生活

经验去思考。请带着你的学科知识和生活经验来评价一下这些图片上的包装设计。（出示生活中的包装）

【设计意图】制造学生设计的4包抽纸的包装与真实包装的冲突，创造学生跨出数学思维的契机，让学生思考问题的角度走向多元，培养学生的创新意识。而后学生通过对生活中不同包装的欣赏与思考，培养跨学科意识。

【板书设计】

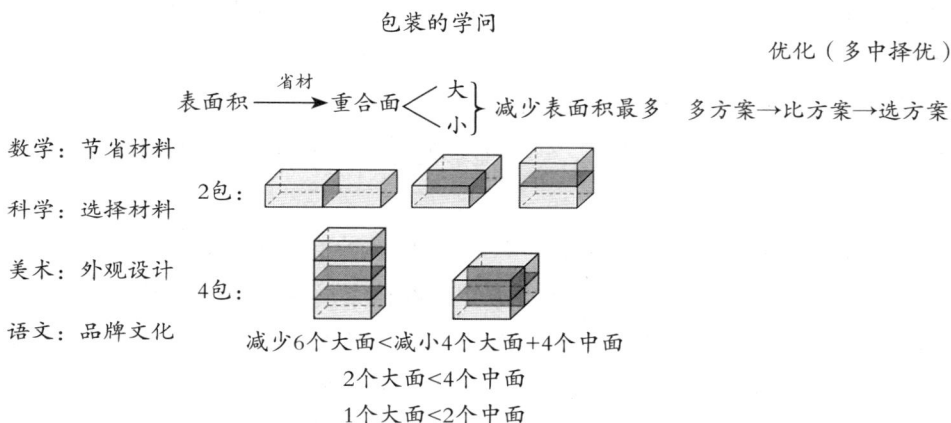

一课一深研

小学阶段，培养学生的推理意识要注意基于学生推理行为的不断强化、推理经验的不断积累、推理感悟的不断丰富，培养学生完整进行推理思考、精准表达推理过程、运用推理解决问题的意识。因此，围绕学生推理意识的培养，本课重点研究了两个问题。

一、在解决问题的过程中，学生产生了哪些具体的推理行为？

数学推理的形式主要包括演绎推理和合情推理。其中，演绎推理能够培养学生的思维严谨性，而合情推理是引导学生发现、创新的重要途径，因此在教学实践中两者具有同等重要的教育意义。在《包装的学问》一课中，学生在解答"怎样包装最省材料"的问题时，同时运用了两种推理形式来探究最简便的解答过程和最省材料的包装方案，具体体现在三个方面。

（一）通过推理归纳最优方案的结论

本节课的包装问题围绕着"怎样包装最省材料"展开，学生在独立探索的过程中通过归纳总结出最优包装方案的一般结论，这属于合情推理。

例如，在探究两包抽纸的包装方案时学生总结得到"重合大面最省材料"的结论；在探究4包抽纸的包装方案时总结得到"既要尽可能大面重合，也要考虑让重合面的数量更多，才能让减少的表面积最多，从而最省材料"的结论。

（二）通过推理优化问题解决的过程

在具体的探究比较过程中，学生能够运用数学推理不断优化解决问题的过程。

例如，对于两包抽纸的包装，一共能设计出3种不同的方案，学生需要找到最省材料也就是重叠后表面积最小的方案。在探索过程中，学生根据足够的生活经验，可以不计算而是通过推理发现"当两个长方体拼在一起时，重合消失了两个面，表面积就会减少。因此重合的面越大，表面积减少得就越多"。从而直接找到"重合大面最省材料"的最优方案。

又如，在探究4包抽纸的包装方案时，4包抽纸有6种不同的包装方法，但学生能够将6种包装方法根据重合面数量的不同分为两类，并根据"重合大面最省材料"这一结论，快速排除掉其中4种方案，再对剩下的2种包装方案进行具体比较讨论。可以看到，在这个过程中，学生通过合情推理从原先的一一比较所有方案到现在的筛选出部分方案进行比较，实现了解决问题过程的简化。

（三）通过推理简化比较方案的过程

对于筛选后得到的两种方案的比较：方案一，减少6个大面；方案二，减少4个大面和4个中面。学生经过小组讨论，运用简单的演绎推理进一步将比较的过程变得更加简单。

例如，首先，因为方案一和方案二中都有4个大面的减少，所以能够抵消掉，只需要比较2个大面和4个中面的面积；其次，继续简化变成1个大面和2个中面的面积比较。此时面积的计算已经通过简单的推理进行了简化，但学生根据拼摆过程和动画演示进一步发现，当把4包抽纸每2包一组，每组最大面重合，这样就形成了一个新的长方体并产生了新的最大面，所以1个大面的面积小于2个中面的面积和，方案二是最省材料的方案。

二、在设计教学的活动时，教师从哪些方面来培养学生的推理意识？

推理是一种重要的数学思维，推理意识的培养重点在两个方面：一是关注"推"的过程，通过进行合情推理和简单的演绎推理，经历完整、清晰的推理过程；二是关注"理"的表达，在用语言、文字、图表等多种方式表述推理过程时，既能讲得有道理，又能讲的有条理，做到推之有据、言之有序。因此，在解决"怎样包装抽纸最省材料"的问题时，主要从比较、说理两方面入手来培养学生的推理意识。

（一）以比较的步步优化，搭建推理的思维阶梯

本课以2包和4包抽纸设计最优的包装方案为载体，通过比较不同的包装方案探究节省材料的规律。为了让学生经历不同思维层次的推理，设计了层层递进的比较活动，为学生搭建推理的思维阶梯。

1. 2包抽纸包装方案的一一比较

包装2包抽纸时3种方案的比较，引导学生借助已有的生活经验，通过观察重合面的大小（不计算），进行合情推理，直接找到最优的包装方案，同时小结出"重合大面最省材料"的规律，为下一步的比较做好铺垫。

2. 4包抽纸包装方案的筛选比较

4包抽纸的包装一共有6种包装方案，但在多次的讲课中发现，学生并不会将这6种方案都拿出来再次进行一一比较，而是根据"重合大面最省材料"的规律，首先将明显不节省材料的包装方案进行了排除，因此比较的重点在于如何通过推理把不太确定的方案筛选出来。

3. 两种抽纸包装方案的精准比较

在比较4包抽纸的这两种包装方案时，引导学生积极思考除了计算比较外，还有没有不同的比较方法，将比较的重点聚焦到对比较过程进行优化。也就是通过简单的演绎推理，精准到只比较2个中面和1个大面的面积，就能判断这两种方案谁更节省材料，推理的思维层次又进一步得到了提升。

（二）以说理的头头是道，外显推理的思维逻辑

为了让学生推理的思维逻辑得到充分的外显，在设计中注重追问"为什么"，给予学生大量进行说理陈述的时机，而从教学实践的课堂效果来看，适时追问能较为有效地培养学生思考有根据、表达有条理、学会讲道理的习惯。

例如，在得到2包抽纸的三种包装设计方案后，追问如果你是老板，你会选择哪种包装方案？为什么？学生结合生活经验进行分析，主动达成了以"节省材料"为优化目标的共识。并追问为什么是最省材料的包装方案？减少的部分面积在哪里？学生通过观察、对比分析，将数学眼光从关注表面积聚焦到减少的重合面。

又如，包装4包抽纸，在比较"重合4个大面和4个中面"与"重合6个大面"这两种方案时，有的组是计算包装后的表面积，有的组是计算减少的面积。追问你们更喜欢哪种，为什么？学生谈到计算减少的面积更简单，计算简单也是一种优化。再追问为什么只需要比较两种方案，其他方案是怎么排除掉的？学生清晰地表述了借助空间推理进行排除的过程。继续追问为什么不是重合大面最省材料了，学生谈到可以想象成2包抽纸为一组时，产生了一个新的大面，将两个新大面重合更省材料。无论是计算的优化还是空间的观察，学生在说理的过程中都展现出了清晰的推理逻辑。

一课一提升

磨课是一场智慧"众筹"

——《包装中的学问》研习思考

张照坤　成都市茶店子小学校

从冬入春，由春入夏，《包装的学问》一课的研究过程历时漫长，却又令人回味无穷。磨课、写作……每一次的研究活动我们都做了明确的分工，大家积极参与、高效配合，发挥各自的上课特长、写作特长，实现了团队的协作默契、智慧"众筹"。

作为一支年轻的团队，我们非常感谢杨薪意老师和张碧荣老师的信任，让我们以四川省杨薪意名师鼎兴工作室成都工作站成员的身份代表成都市小学数学基地参加此次全国大赛。这让我们倍感压力，也极有动力。高规格的参赛要求、漫长的赛程、精益求精的实践探索让我们对数学教学有了新认识和新理解。

《包装的学问》一课蕴含推理意识、空间观念和应用意识。在试讲的过程中，我们不断对这几个核心素养进行理论学习，并结合团队的思考理解，对其内涵进行了细化，进而确定了本节课的教学目标和培养重点。随着试讲的次数增加，我们也从实际的课堂实践和学生表现中不断厘清了本节课的教学结构，提炼了以优化来解决包装问题的教学路径，将推理意识的培养落实到了"独思包装方案、群析合理方案、反思最优方案"的教学活动当中。

"磨"得艰辛，也"磨"得成长，"痛并快乐着"的磨课经历，让我们学会了设计一节好课要关注核心素养的达成、思维品质的提升、主动学习的生成，要从知识结构化角度分析教材，要用数据精准把握学情，要提出突破教学重难点的策略等等。我们也理解要使数学核心素养落地，不仅要深刻理解其内涵，也要善于提炼每个核心素养表现的培养规律，围绕其培养规律来进行教学活动的具体设计。

核心素养的培养是一个需要持续贯穿学生整个学习生涯的过程。正是有了这一次的研究经历，我们在日常的教学当中更加关注在不同阶段如何去渗透对学生核心素养的培养。所以，这一次的研究经历不是一次结束，而是我们整个团队研究的开始。在这个年轻的团队中，我们每个人都是一道微光。把简单的小事做到极致就是不简单，把平凡的琐事做得扎实就是不平凡，践行精进，向光而行，微光渐可汇聚成星河。

不为曾经的些许成绩而沾沾自喜，也不为未来的顾虑困惑而战战兢兢，躬耕当下，积累智慧，我们也将努力做教学有温度、研究有深度的"学习型"一线教师，用实际行动诠释教书育人的使命担当！

数学处处需推理，处处待优化

——《包装中的学问》研习思考

杜雨蔓　成都市茶店子小学校

《包装的学问》是五年级数学下册教材"数学好玩"中的一节综合实践课。本节课我们希望能培养学生的推理意识，发展学生的优化思想。

通过学情调查我们得知，谈到包装，学生首先想到的是有关表面积的知识。虽然通过直接计算表面积能够找到最省材料的包装方案，但这与我们想要渗透的优化思想相悖。我们并不希望学生整节课陷入计算的漩涡，而是希望引导学生通过推理来优化自己解决问题的过程，找到"节省材料"的本质。

本节课，我们要探究2包、4包抽纸的包装方案。"如果不计算可以比较得出最省材料的包装方案吗？"我们提出了大胆的设想。其实学生手中有实物，的确是可以的。并且我们初步认为，这种方式在探究4包抽纸的包装方案时，更有利于学生发现"两个中面是否形成新的大面"对包装方案的影响，从而把学生直引推理之路，并突破本节课的难点。

所以我们做了一次没给抽纸"长、宽、高"数据的课堂实验，结果发现，2包抽纸的包装方案完成得非常顺利，学生很容易发现"重合大面，最省包装材料"。而到了研究4包抽纸的包装方案时，却出现了意想不到的情况。只有少部分小组按照我们的设想，通过实物观察、推理出了"省材"的奥秘；更多的小组却拿出了尺子测量数据，再次回到了计算之路。这个结果虽然意外，但我也倍感欣慰，因为学生在面对困难时，知道利用手中的工具去解决问题，而不是"坐以待毙"。

既然学生需要数据，那我们就给出数据，学生要计算，却不能深陷计算的漩涡。于是我们对本节课做了重设。首先，从学生熟悉的"租车"和"烙饼"问题出发，唤醒学生的"优化"意识，帮学生厘清"多方案、比方案、选方案"的研究路径。

在探究2包抽纸的包装方案时，我们并没有着急抛出数据，而是先让学生感受从1包到2包抽纸的包装问题，学生的数学眼光发生了转变，即关注点从"表面积"聚焦到"重合面"，从而推理得出"重合大面，最省包装材料"，为后续探究4包抽纸的包装方案埋下推理的种子。

到了探究4包抽纸的包装方案，我们再呈现数据，这时学生拿到数据，就不会只单纯计算表面积，而是带着优化的思想，推理简化计算的方法。整个探究的过程学生经历了"包装2包抽纸"的一一比较、"包装4包抽纸"的筛选比较、"两种方案对比"的精准比较，充分体会了数学中处处需推理，处处待优化。

当推理优化到比较"1个大面"和"2个中面"时，揭开本质面纱的时机也就到了。"包装4包抽纸，为什么不是全部重合大面最省材料呢？"学生结合实物观察发现，"两个中面"组成了"新的最大面"，本质上还是重合大面最省材料。本次重设，推理层层递进，优化层层升级，相较之前的设想，更能让各个层次的学生都有所收获。

于风中扬帆，于思中跃进

——《包装中的学问》研习思考

黄秋宇　成都市茶店子小学校清淳分校

"成长往往是一瞬间的事情，你有哪些瞬间真正感受到了自己的成长？"把这个问题抛给班上的学生，学生写着教师的某次教导，写着父亲母亲的某次叮咛，写着朋友的某次关心帮助，写着陌生人的某次善意陪伴……看来，成长的话题的确很宽泛，小朋友们也好像似懂非懂，但或许他们就在写下的瞬间又会悟出一点东西。

我也反问自己：作为教师的我呢？就年龄来说，相比于学生，我自然更能体会到成长体现在何时何处，却又因为忙于日常的琐碎，总是缺少一些提笔记录的时刻。趁着这次有机会沉下心来，借着立秋的凉爽，就着近处的事，写下这段磨课经历中的些许思考。

长达五个月的磨课，从初稿到终稿，中间有着我们许多的问题与思考。《包装的学问》是一节综合实践活动课程，如何围绕着包装问题，充分发挥学生的主体作用，让学生自己去讨论、制定解决问题的计划和方案，然后通过实践去经历解决问题的过程，并在这个过程中能够有充分的小组分工与合作、全班的展示交流和思维碰撞，成了我们在磨课过程中不断思考、改进的内容。

从确定课题开始，我们不断学习、思考，越深挖越发现，这一课能够承载、体现的内容不仅局限于简单地运用长方体的知识去解决包装问题。首先，包装问题是生活中常见的问题，在解决包装问题时，不仅涉及数学中的尺寸测量与表面积计算，还需要综合考虑材料的选取、外观的设计、工业生产的方便等，这是一个需要学生综合运用多学科知识来解决的问题。那么本课的教学除了要涉及学生推理意识的培养，也是培养学生创新意识和应用意识的好机会。

其次，《包装的学问》这一课要解决的问题是"怎样包装最省材料"，其实就是在多种可行的包装方案中，以"省材"为目标，找到最优方案，这正体现了优化思想的核心，而此前学生就已经有了运用优化思想解决问题的经验。看来，虽然这节课位于"数学好玩"板块，但对于大单元结构化的体现也不能少。而当我们也带着优化的思想去深入分析这节课的每一个环节时发现，优化不仅体现在优选包装方案，还贯穿整个解决问题的过程。

没有深入钻研，就没有驾轻就熟；没有反复推敲，就没有豁然开朗；没有不断磨课，就没有得心应手。有关这节课的研究，经历了冬日的理论解读、春天的课例打磨、初夏的现场答辩，而今提笔简单记录这次经历，恰到收获的秋季。回顾这次的所思所悟，纸上只觉两三言，但我深知教与学是一条越走越长的路，值得学习探索的还有很多很多，我也将继续带着这份成长与收获不断扬帆跃进。

与课共成长

——《包装中的学问》研习思考

王　梦　成都市茶店子小学校国宾分校

第一次认真研读"包装的学问"这一课时，我的内心存有诸多的疑问。一方面，这一课属于"数学好玩"板块，看起来好似不像其他板块的知识那样明确与重要；另一方面，该课所涉及的内容丰富，如何让学生在感到"好玩"的同时学有所得还需要认真思索。千头万绪之中，我们选择了"推理意识"这条线，既是因为推理意识是学生需要养成的数学素养之一；又是因为"推理意识"的隐藏性，它隐藏在许许多多的数学活动之中，隐藏在学生的思维过程中。如何让推理意识"显身"？或许可以在"包装的学问"这一课中获得启发。

在对教学内容及"推理意识"进行解读后，我们开始了磨课之旅。刚开始的课堂上，学生的主体性得到了体现，学生在借助学具的情况下积极探索了不同数量抽纸的包装方案，并且能在简单的推理后找到更优的方案。但学生的思维过程不够清晰，能准确表述自己思考过程的学生不够多。为此，我们继续明晰并确定了学生思维的重要环节，即将所有方案纳入思考的"一一比较"过程，推理选择出最值得进行比较的方案"筛选比较"过程，借助具体数值并通过推理简化计算的"精准比较"过程。修改之后的课堂进一步激发了学生的活力，学生的推理过程更清晰。此时，让推理的过程显现出来变得更简单，使得一些有所感悟但懵懵懂懂的学生也能理解并掌握成为我们思考的重点。讨论后，我们在原有的多媒体课件里增加并完善了包装方案的效果，呈现出学生头脑中的想象与推理过程，可视化的结果为学生的思考过程提供了有效的帮助。

路虽远，行则将至。课堂的复杂性毋庸置疑，我在磨课的过程中对此更是深有体会，课堂里的每个环节都不简单。无论是教学内容的研读、课堂环节的设置与安排，还是教学资源的制作与使用等，都需要细致地考虑，确保最终呈现的课堂效果。我们在寒冷冬日写下这一课的开始，经历了一整个春天的细节推敲与打磨，终于在骄阳似火的夏日有所收获，收获的不仅是"包装的学问"这一节课，更是对推理意识的认识与了解，是整个过程中成员之间的帮助与启发，是专家老师们的指点与建议……

心怀感恩，砥砺前行，我们与课共同成长。

参考文献

［1］中华人民共和国教育部.义务教育数学课程标准（2022年版）［S］.北京：北京师范大学出版社，2022.

［2］史宁中，曹一鸣.义务教育数学课程标准（2022年版）解读［M］.北京：北京师范大学出版社，2022.

［3］马云鹏，吴正宪.《义务教育数学课程标准（2022年版）》案例式解读小学［M］.上海：华东师范大学出版社，2022.

［4］孙晓天，张丹.义务教育课程标准（2022年版）课例式解读小学数学［M］.北京：教育科学出版社，2022.

（一）

李　丹　德阳市岷山路小学

从教近十年，我很幸运地加入杨薪意名师鼎兴工作室。从前的我对于专业学习和成长是迷茫的，在专业成长的道路上，我是慢热的。但是，进入杨老师的工作室这一年多以来，我的能力和观念都有了很大的变化。这得益于在杨老师和各位教育"大咖"的指引，在一群热爱教育的小伙伴的陪同下，我们肩并肩，携手共进。

杨老师身上有着一种独特的魅力。2022年11月，我们工作室又一次相约线上，杨老师特别请到范崇高教授为我们做专题讲座。讲座尾声，范教授谈到自己即将退休，希望"把知道的都告诉年轻人"时，这个观点与杨老师教育传承情怀契合。

真正的名师不是有多少优秀的课例、论文、专著，真正的名师是心系教育事业，热爱教育事业，具有家国情怀，怀揣民族使命感，不仅追求自我能力及观念的不断完善，更追求薪火相传的无私奉献。

加入杨老师的工作室，我就像打开了一扇新世界的大门。我开始更加热爱教育事业，醉心于与教育相关的一切事情。并更加明白我想要成为一个什么样的教师，思考学生需要一个什么样的教师，思考我们的国家需要什么样的人才，以及为此我能做些什么。基于以上观念的转变，在过去的一年多里，我的行动力十足，积极学习并探索实践，连续两次参与课题研究并取得一定成绩，连续两次参与不同学段作业设计大赛并荣获市级二、三等奖。2022年12月，在杨老师的指导下设计并制作的微课《不规则图形的面积》获市级一等奖。

我想，杨老师已经以其独特的人格魅力对我产生了极其深远的影响。

（二）

黄莉萍　成都市行知小学校

2019年年底，在工作室领衔人杨薪意老师的集结下，我们团结一心利用假期制作1~6年级小学数学上册微课，那段经历真是历历在目。一遍一遍地精雕细琢，一次又一次地精益求精，让技术"小白"的我微课技术得到了质的飞跃。令人高兴的是，工作室的微课一经推出便得到各方好评，并一直被沿用至今，不得不让人感到成就感满满。

因为近水楼台先得月，在杨老师的"逼迫"下，2019—2021年期间我被安排参与了三次全国新世纪小学数学教学设计与课堂展示大赛。前两次参与答辩时我与两位授课老师东奔西跑，带着大包小包的学具去借班试讲。一遍又一遍，最多的时候一节课上了十余次。也正是有了这些"痛苦"的磨课过程。第三次我自己执教参加比赛时，已经游刃有余，最终功夫不负有心人，我们取得了良好的成绩。同时，我也在市工作室第二届成员招募中有幸成为市级工作室正式成员。如果没有杨老师的"逼迫"，也许我现在仍旧碌碌无为。

回顾以往，工作室仅是名师面对面活动就先后举办了二十多场。中央民族大学数学系教授孙晓天老师、华东师范大学教师教育学院教授孔企平老师、义务教育数学课程标准修订组核心成员唐彩斌老师、人民教育出版社数学编辑室主任王永春老师……细细数来，曾经可望而不可即的教育"大咖"纷纷被杨老师邀请到工作室，对成员们从课标解读、教材解析、写作指导等方面做了细致、实用、高品质的指导。也正得益于这些指导，我在作业设计、课题研究等方面有了更多的思考和更完美的表达。

为了赋予成员们强大的专业力，杨老师不辞辛苦，为我们搭建了起点高、实效性强的培训和展示平台。目前，第一届优秀的成员都在杨老师的培养下纷纷走出区级，晋升市级、省级，平台越走越高，道路越走越远。未来，我将以杨老师为榜样，树立终身学习观。在一次次任务的承担中，探寻无限可能。只要想，一切皆有可能；只要做，就必有收获。

（三）

周　丹　成都市友谊小学校

在繁忙而有序的工作中，我加入杨老师工作室已经三年有余。加入杨老师工作室是我教育教学生涯中重要的一站。在这里，我真正感受到了名师的底蕴深厚、教育魅力，感受到了工作室伙伴孜孜以求、勤于实践、勇于探索的精神，感受到了这个大集体给我带来的成长、收获与感动。

杨老师，一个亲切、温暖的人，走近她，就像靠着大姐姐一般的踏实与安全。在她的娓娓道来中，关于数学的真知灼见和育人方法自然而然地流露出来。

在成员们试讲过程中，总会发现一个一直面带笑容，拿着手机随时记录的身影；每次的评课中，总会先听到"我看到了你下了很多功夫，想了很多办法"；每次线下面对面学习，总会发现零食、水果都已准备好了……这些都是杨老师的付出。逐渐地，我明白了"为人师者要从心做起"。

名师之所以是名师，并不是她能够长篇大论地给大家讲大道理，而是她能够用最直接的亲身经历启迪、引导大家。在我进入工作室学习后，杨老师的这句话让我印象最深刻：上课时，我想看到你对教材的解读、教学设计的新颖，但是我更想看到的是学会倾听的老师和真正给予学生回应的课堂。刚开始的我，还自以为是。但是，在我参加送课活动时，在杨老师的一对一指导的过程中，我才发现自己在课堂上经常为了达到某个环节而心太急，忽视或者是太过片面地应对学生的回应。每当这个时候，杨老师课后都会逐一地亲身示范如何提问、如何回应，引导我们进行角色扮演，还原课堂上真实的对话。就这样，杨老师用最直接又最有效的方法，让我逐渐明白了倾听和回应的具体方法。我将在工作室的收获用到了自己的课堂上。现在，我更加注重每节课的问题提出与学生反馈的预设，在与学生的交流活动中，学会了逐渐慢下来，学会了等待，做到了认真倾听学生的反馈。

工作室是一个团结、积极、热情的团队。虽然团队成员们都有各自繁忙的工作，但是工作室的活动大家都会积极参加。特殊时期，停课不停学。在杨老师的引领下，我第一次感受到做一件有意义的事情是多么开心。虽然我只参与了三节课的录制，虽然熬了好几个夜，但是看到好评不断，心中的成就感就油然而生。后来才知道，杨老师从来没有比我们早睡过，我们的每一节课，不管是画质、表达的语言、微课的节奏、时长的控制，还是画面中呈现的每一条字幕，杨老师都会亲自修改。这次活动成为我坚守岗位的动力。

杨老师不仅亲自给我们烹饪了教育理念大餐，还为我们提供了丰富的线上线下与"大咖"们见面的机会。"数学王子"张齐华让我们看到了从内心尊重家人和学生的重要性，教学管理全在线的唐彩斌校长让我们认识到开展主题式学习的意义，俞正强老师的"把日子过好，把数学课上好"，范崇高老师的"把知道的告诉年轻人"，让我们感受到好老师对生活和生命的重要引领作用。

很庆幸加入杨老师的工作室，我将继续努力成为一个心中有爱、眼里有光的好老师！

（四）

李　果　成都市行知小学校

时光匆匆，我加入杨薪意名师鼎兴工作室已有六年。

让我印象最深的还是2020年年初，我当时在休产假，接到了工作室的任务——将自己的课改写成故事。我思考了两天还是下笔困难，为了能及时完成，连续好几天都是和家人轮流看娃，抽空改写。最终，我的小故事被纳入《奇妙的数学在这里》正式出版，特别感谢姐姐们的帮助！

这一年，我和工作室的小伙伴们还参加了两次新世纪小学数学教学设计与课堂展示大赛。每次试讲杨老师都会到场为我们把脉指导，并带领我们反思："如果这节课我上该如何做教学设计，这样设计的意图又是什么？"这个过程让我对教材、对学生都有了更深层次的理解，在提升了自己专业能力的同时丰富了自己的理论知识。同时，这两次比赛都需要线上答辩，我的语言表达能力和临场应变能力也得到了锻炼。

这一年的暑假同样让我十分难忘，整个七月我一边忙着准备网络答辩，一边又要完成工作室的微课制作。杨老师对微课要求高，她指出我们的微课不能仅仅是教师讲，还需要学生参与。在杨老师的指导和工作室老师的帮助下，我完成了三节微课的制作。过程虽然煎熬，但是值得高兴的是我掌握了微课制作的方法和一些视频合成的小技巧，我的多媒体应用能力得到了大幅提升。

六年里，工作室大大小小的活动让我经历了许多第一次：第一次给老师们做教材分析，第一次参加说课比赛，第一次完成平台微课制作，第一次参与著书，第一次参加全国新世纪小学数学教学设计与课堂展示大赛。每个第一次都是在杨老师的帮助下完成的，正是这一次次的第一次，让我不断在工作中找到自信。我不是不可以！特别感谢杨薪意老师的一路陪伴，希望在未来的日子里，我能继续跟随杨老师的脚步不断进步！

（五）

周 艳 成都市石笋街小学校

从2009年拜杨薪意老师为师到成为杨老师工作室的成员，一路走来，我对杨老师的了解逐渐深入。杨老师能把每节随堂课都上成公开课的样子，把每节课的课件都做得引人入胜，把每一个孩子都教得开开心心。我不解的是，她为何拥有这种超强的教材解读能力？她为何能娴熟地掌握信息技术？原来，在我抄教案的时候，她在画教案；在我写教案的时候，她在做课件。"抄"与"写"让我按部就班，"画"与"做"让杨老师深研教材、深读学生。

破解迷思之后，我在杨老师身上看到了教育者应有的模样：怀揣美好，不忘初心，认真上好每一节随堂课。于是，我不再敷衍，教案上出现了三色笔、标注、二次批注、课后反思都用心去做。教材解读不深入，就靠教育激情弥补，年轻的我，每一节常态课都能上得眉飞色舞，用自己的情绪去感染学生，用自己的态度去影响学生。把上好每一节课作为工作要求，并慢慢使之成为一种习惯。

2020年突如其来的情况，让春季开学按下了暂停键。杨老师第一时间带领工作室成员积极响应省、市、区教育主管部门"停课不停学"的号召，打响了丰富网络优秀资源建设的攻坚战，克服重重困难，保证了网络资源的每天推送更新。

复课后，杨老师宣布了一个更大胆的决定：要用暑假，把小学一至六年级所有的数学内容制作成微课。这意味着每天需要更新6节课，持续整个暑假。对于如此浩大的工程，成员们一致认为太难了。然而，杨老师说干就干，她率先设计好微课的结构和模板，通过线上线下的方式组织全体成员们学习。然后分工分组，有条不紊。一个暑假，工作室全体成员竟然在杨老师的指引下将四百多节微课全部完成，并面向社会公益播放。当得知每节微课都经过了她的一遍遍修改、一帧帧完善时，我不解地问："何必这样'折磨'自己？"她说："只要有一个孩子看，这就是一件有意义的事。既然做了，就要做到当下的最好，这才对得起点开链接学习的孩子与老师。如果能帮到一个人，我们就是做了善事。"

经历了这项大工程，在以后的工作中不管遇到多么困难的事，我都能勇敢面对。"教育是做善事。要做，就做好！"这句话更是铭刻在我心中。科研、课题，对一线教师来说是大挑战。第一次做课题时，我不解："为什么要做课题，多了好多事情。"杨老师告诉我："教育者要在思考中前行，离不开科研。不断思辨，才能找准方向，在关键处下功夫，最终受益的是孩子和老师。"

杨老师不仅自己不停思考，还总想着带动更多成员一起思考。她以敏锐的教育前沿视角，带领工作室成员完成了两个市级课题，其中一项课题成果在中国数学会数学教育分会首届学术年会上做了主题报告分享。目前，一项省级重点课题已进入结题阶段。我把工作室对科研的认知和扎扎实实的做法带回学校，带领备课组的小伙伴从区级小课题开始，一起梳理教学中的疑难问题，研究真问题，一起品尝科研引领专业能力提升的喜悦。在辛苦并快乐的教育之路上，我也遇见了更好的自己。

（六）

林　佳　成都市解放北路第一小学校

加入杨薪意名师鼎兴工作室之前，我对名师怀有喜欢和崇拜交织的距离感。而当我真正走近杨薪意老师之后，我才对"没有经历风雨，怎么能见彩虹，没有一个人能够随随便便成功"这句话有了更深刻的认识和理解。

在工作室的这几年，杨老师用自己的实际行动向我们诠释了名师的责任和担当。她组织我们参加全国新世纪小学数学教学设计与课堂展示大赛，我目睹了杨老师每次是怎么尽心尽力帮助、指导其他教师的。从教案的设计到课堂教学的示范，从文献的解读到答辩文本的修改、PPT的制作，甚至答辩时的仪容仪态、语言的抑扬顿挫，每一个细节背后，她都以行动告诉我们，什么是认真做事。

为了不影响正常的教学工作，工作室研学的时间大部分是在晚上和周末。杨老师说，优秀的人之所以优秀，就在于在别人看不见的时候，依然坚持学习。我学着杨老师的样子，开始指导我的团队学员，我全程参与，倾力指导。2021年，我们团队首次代表工作室出征全国新世纪小学数学教学设计与课堂展示大赛，荣获全国团体一等奖，我也获得了指导一等奖。在我们每一次的精彩背后，杨老师就像一盏灯，始终陪伴着我们，照亮着我们。

2020年，工作室第一时间响应省、市、区教育局的号召，致力完成网络优秀资源的建设。作为四年级微课制作组的第一责任人，我学着杨老师的样子，一遍遍指导教师们修改教学设计，解答教师们录制时的操作问题。而无论多晚，我的消息只要发给杨老师，就能立刻收到她的反馈。累极的时候，我就告诉自己：杨老师还在线的另一头忙着呢！

整整两个月，我经历了职业生涯中最难忘的一个暑假。这个经历让我重新认识了自己，原来我也可以做得很好！之后，省市国培、教材培训、学术主持……曾经没有勇气做的事，在杨老师的帮助和鼓励下，我一次一次地挑战自己，战胜自己。杨老师就像一道光，擦去我的自卑，擦亮我的自信，让我看见了更好的自己。

这几年，在杨老师的组织下，工作室先后在甘肃、深圳、太原的赛场上，留下了川派教师"深研细究、学术扎实"的美好形象。杨老师不仅带我们走出去，和全国各地的老师们广泛交流，还把曾经遥不可及的专家、名师陆续请进工作室，让我们在他们的讲述中，感受名师成长的经历；在他们的分享中，看到坚持思考和行动的力量，体会到名师们看似"行云流水、润物无声"的课堂背后，是道足而不微！

在一次次磨课中，我学会了见微知著；在一场场对话中，我学会了坚持不懈；在一本本专著中，我学会了反躬自勉；在一篇篇文本中，我学会了修炼文字；在一次次磨砺中，我不再彷徨，不再忐忑。我看见了一个敢于接受新挑战的自己，一个内心充满信心、正拔节成长的自己。在不断向杨老师学习的过程中，我已经从一名普通的小学数学教师成长为成都市学科教学带头人。

数学是什么？

黑格尔说：数学是上帝描述自然的符号。

米斯拉说：数学是人类的思考中最高的成就。

考特说：数学是人类智慧皇冠上最灿烂的明珠。

你说呢？